Harald Molan

Grammatikübungsbuch
FINNISCH

BUSKE

Harald Molan, Mag. phil., geboren 1982 in Linz (Österreich), studierte Skandinavistik und Finno-Ugristik an der Universität Wien mit Studienaufenthalten in Dänemark und Finnland. Er veröffentlichte ein Buch über das Tornedalfinnische sowie den »Grundwortschatz Finnisch« (ISBN 978-3-87548-848-7), ist Mitglied der Österreichisch-Estnischen Gesellschaft und arbeitet als freier Übersetzer und Sprachlehrer.

Bibliografische Information der Deutschen Nationalbibliothek
Die Deutsche Nationalbibliothek verzeichnet diese Publikation in der Deutschen Nationalbibliografie; detaillierte bibliografische Daten sind im Internet über ‹https://portal.dnb.de› abrufbar.

ISBN 978-3-87548-702-2

2., verbesserte Auflage

 Umschlaggestaltung: QART Büro für Gestaltung, Hamburg. Druck und Bindung: Bogtryknu, Viborg. Printed in Denmark.

Inhaltsverzeichnis

Vorwort | Abkürzungsverzeichnis 5

Phonologie

1 Die Vokalharmonie 6

2 Der Stufenwechsel 8

Nomen (Substantive und Adjektive)

3 Die grammatikalischen Kasus (Nominativ, Genitiv, Akkusativ und Partitiv) 12

4 Objektschemen 17

5 Die Lokalkasus allgemein | Die inneren Lokalkasus 21

6 Die äußeren Lokalkasus 25

7 Die marginalen Kasus (Essiv, Translativ und Abessiv) 28

8 Plural 31

9 Steigerung der Adjektive 35

Verben und Zeiten

10 Allgemeines zum Verb (Verbklassen | Personalendungen | Stufenwechsel | Negationsverb) 40

11 Die Verbklassen 1–3 im Präsens 44

12 Die Verbklassen 4–6 im Präsens 50

13 Imperfekt 54

14 Perfekt und Plusquamperfekt 60

15 Zum Gebrauch der Zeiten 64

16 Konditional 67

17 Impersonal Präsens 70

18 Impersonal Imperfekt und Perfekt 74

19 Infinitiv I und II 77

20 Infinitiv III (*ma*-Infinitiv) 82

21 Verbalnomen 86

22 Unpersönliche Verben und die *habeo*-Konstruktion 89

23 Partizipien 93

24 Imperativ 99

Pronomen

25 Personalpronomen 103

26 Possessivpronomen und -suffixe 107

27 Demonstrativ- und Interrogativpronomen 111

28 Indefinit- und Relativpronomen 115

29 Post- und Präpositionen 119

30 Zeitangaben 122

Numeralia

31 Grundzahlen 125

32 Ordnungszahlen 129

33 Die substantivische Form der Zahlen 132

Anhang

Lösungsschlüssel 133

Finnisch-deutsches Vokabelverzeichnis 149

Deutsch-finnisches Vokabelverzeichnis 163

Stichwortregister 177

Vorwort

Das »Grammatikübungsbuch Finnisch« richtet sich an Anfänger mit ersten Grundkenntnissen sowie an fortgeschrittene Lernende, die ihr Wissen vertiefen oder wieder auffrischen möchten.

Getreu dem Motto Harjoitus tekee mestarin bietet das Buch viel Material zum Üben und Erweitern der grammatischen und lexikalischen Kenntnisse. Die umfangreiche, aber sehr schematische Grammatik des Finnischen wird ausreichend und verständlich erklärt, die wichtigsten Erscheinungen und Zusammenhänge klar und prägnant dargestellt. Da sich die finnische Grammatik in einigen Punkten sehr stark von der deutschen unterscheidet, wird außerdem verstärkt Augenmerk auf diejenigen Themen gelegt, die deutschsprachigen Lernenden für gewöhnlich die meisten Schwierigkeiten bereiten.

Doch nur keine Angst: Im Unterschied zu anderen Sprachen brauchen Sie zum Erlernen der finnischen Grammatik nämlich (fast) nichts auswendig zu lernen. Für das Finnische ist es viel wichtiger, verstanden zu haben, warum die Dinge so sind, wie sie sind. Haben Sie die Eigenarten und Strukturen des Finnischen also erst einmal begriffen, werden Sie merken, wie regelmäßig die Sprache ist. Und je mehr Sie darüber wissen, desto einfacher und logischer wird Ihnen die Grammatik dieser als so schwierig geltenden Sprache erscheinen. Denn Finnisch hat zwar 14 verschiedene Fälle, aber nicht 14 Fallen!

In diesem Buch wird ebenfalls auf Unterschiede zwischen der gesprochenen Umgangssprache (Puhekieli) und der geschriebenen Standardsprache eingegangen, die es in einigen Bereichen der finnischen Grammatik gibt.

Mein Dank gilt Frau Senja Riekkinen-Gebbert für ihre große Hilfe beim Korrekturlesen und für viele wertvolle Hinweise. Zudem danke ich weiteren Korrekturleser/innen, v.a. Onni Kultalahti und Gabriele Psihoda, meinen ehemaligen Finnischkursteilnehmer/innen sowie dem Buske Verlag, allen voran Maureen Grönke.

Viel Spaß und Erfolg beim Lernen!

Harald Molan

Abkürzungsverzeichnis

Ade	Adessiv
All	Allativ
Ela	Elativ
Gpl	Genitiv Plural
Gsg	Genitiv Singular
Ill	Illativ
Ine	Inessiv
Inf	Infinitiv
K	Konsonant
Npl	Nominativ Plural
Nsg	Nominativ Singular
Part.	Partitiv
Pers.	Person
Pl	Plural
Ppl	Partitiv Plural
Psg	Partitiv Singular
Sg	Singular
ugs.	umgangssprachlich
V	Vokal
wörtl.	wörtlich

1 Die Vokalharmonie

Die Vokalharmonie bewirkt im Finnischen die Angleichung der Vokale innerhalb eines Wortes bzw. Wortteils. Dabei wird durch die Stammvokale eines Wortes vorgegeben, wie die Vokale der Endungen (Suffixe), die an das Wort angehängt werden, lauten. Die Grundregel dieser Anpassung ist immer: dunkel mit dunkel und hell mit hell.

A O U	werden als dunkle Vokale bezeichnet
Ä Ö Y	werden als helle Vokale bezeichnet
E I	werden als neutrale Vokale bezeichnet und können sowohl mit dunklen als auch mit hellen Vokalen stehen. Stehen sie jedoch alleine in einem Wort, verhalten sie sich wie helle Vokale

Viele grammatikalische Suffixe erscheinen aufgrund der Vokalharmonie in zwei Varianten, z.B. -ssa/-ssä (Inessiv), -ko/-kö (Fragepartikel), -nut/-nyt (Partizip Perfekt) oder -lla/-llä (Adessiv), je nachdem, ob der Stammvokal eines Wortes dunkel (d) oder hell (h) ist:

talo (d)		talo-ssa	*im Haus*
kylä (h)		kylä-ssä	*im Dorf*
olet (d)		olet-ko?	*bist du?*
näet (h)	→	näet-kö?	*siehst du?*
katu (d)		kadu-lla	*auf der Straße*
tie (h)		tie-llä	*auf dem Weg*

Bei zusammengesetzten Wörtern (Komposita) entscheidet der letzte Bestandteil des Wortes über die Wahl der Suffix-Variante:

Itä|valta (d)	→	Itä|valla-ssa	*in Österreich*
Rova|niemi (h)		Rova|nieme-llä	*in Rovaniemi*

Bei einigen Wörtern (meist Lehnwörter aus anderen Sprachen) gilt die Vokalharmonie nicht. Hier entscheidet dann lediglich der letzte Vokal über die Suffix-Variante:

vampyyri	→	vampyyri-llä	*beim Vampir*

Variable Vokale, die sich durch die Vokalharmonie ändern, werden in diesem Buch in Großbuchstaben wiedergegeben, fixe Konsonanten in Kleinbuchstaben. Somit steht A für a/ä (-ssA = -ssa/-ssä), O für o/ö (-kO = -ko/-kö) und U für u/y (-nUt = -nut/-nyt).

Übungen

1. Hier ist Harmonie gefragt. Welcher Vokal erscheint in der jeweiligen Inessiv- oder Adessiv-Endung der folgenden Wörter: *a* oder *ä*?

Wieniss__ | Müncheniss__ | Joensuuss__ | Venäjäll__ | Helsingiss__ | Espooss__ | Kööpenhaminass__ | Tampereell__ | Rovaniemell__ | Seinäjoell__

2. Unterstreichen Sie jeweils die richtige Endung.

1.	*im Wald*	metsässa | metsässä
2.	*im Auto*	autossa | autossä
3.	*beim Arzt*	lääkärissa | lääkärissä
4.	*im Restaurant*	ravintolassa | ravintolassä
5.	*im Meer*	meressa | meressä
6.	*auf dem Bahnhof*	asemalla | asemallä
7.	*auf dem Markt*	torilla | torillä
8.	*auf dem Weg*	tiella | tiellä

3. Ergänzen Sie die richtige Fragepartikel (*-ko*/*-kö*).

1.	sinä asut	*du wohnst*	→	asut_ _ sinä?	*wohnst du?*
2.	hän menee	*er/sie geht*	→	menee_ _ hän?	*geht er/sie?*
3.	me tulemme	*wir kommen*	→	tulemme_ _ me?	*kommen wir?*
4.	sinä naurat	*du lachst*	→	naurat_ _ sinä?	*lachst du?*
5.	sinä näet	*du siehst*	→	näet_ _ sinä?	*siehst du?*
6.	hän on	*er/sie ist*	→	on_ _ hän?	*ist er/sie?*
7.	te teette	*ihr macht*	→	teette_ _ te?	*macht ihr?*

4. Ergänzen Sie die in den Endungen verlorengegangenen ä- und ö-Punkte.

1. Kesälla voi uida, syksylla voi olla synkkää (*trist, trüb*).
2. Tuletko vai etko tule?
3. Hänella on uusi auto, mutta Pekalla ei ole.
4. Syötko sen vielä?

5. Woher kommen die folgenden Personen? Wählen Sie die richtige Endung.

1. Vladimir asuu Venäjä______ (-lla/-llä).
2. Jiří on kotoisin Tšeki______ (-sta/-stä).
3. Paweł on kotoisin Puola______ (-sta/-stä).
4. Guðmundur on islanti______ (-lainen/-läinen).
5. Björn asuu Ruotsi______ (-ssa/-ssä).
6. Jānis on kotoisin Latvia______ (-sta/-stä) Riia______ (-sta/-stä).
7. Tõnu tulee Tallinna______ (-sta/-stä) Eesti______ (-sta/-stä).
8. Barack ja George W. ovat kotoisin Amerika______ (-sta/-stä).

2 Der Stufenwechsel

Der sog. Stufenwechsel ist ein quantitativer oder qualitativer Konsonantenwechsel im Stamm eines Wortes, der im Finnischen regelmäßig stattfindet, wenn Suffixe an bestimmte Wörter treten. Im Deutschen vergleichbar ist z.B. das Wort »Buch«, das durch Anhängen der Pluralendung -er zu »Bücher« wird. Hier wird ein Vokalwechsel im Stamm vollzogen, der im Deutschen allerdings unregelmäßig ist, da die Pluralendung -er nicht bei jedem Substantiv die gleichen Veränderungen im Stamm hervorruft.

Im Finnischen jedoch erfolgt der Stufenwechsel regelmäßig, allerdings nur bei Konsonanten. Betroffen sind die Konsonanten k, p und t sowie Kombinationen aus diesen im Anlaut der letzten Silbe. Es gibt immer eine starke und eine schwache Stufe, wobei in der schwachen Stufe ein gekürzter oder erweichter Laut steht. Steht z.B. kk in der starken Stufe, wird dieser Laut in der schwachen Stufe zu k gekürzt; steht in der starken Stufe t, wird es in der schwachen Stufe zu d erweicht usw.

Man unterscheidet zwei Arten von Stufenwechsel:

- der quantitative Stufenwechsel, bei dem aus einem langen Laut ein kurzer wird (Wechsel von doppeltem zu einfachem Konsonant): kk → k, pp → p, tt → t
- der qualitative Stufenwechsel, bei dem sich die Lautqualität ändert: k → Ø, p → v, t → d, nk → ng, mp → mm, lt → ll, nt → nn, rt → rr. Hierzu zählen ebenfalls die Sonderfälle k → j, uku/yky → uvu/yvy, si → den und ne → se.

Es kann im Finnischen also zu folgenden Konsonantenveränderungen kommen:

starke Stufe	schwache Stufe	Beispiel
quantitativer Stufenwechsel		
kk	k	takki *(Jacke; Nsg)* → takin *(Gsg)*
pp	p	oppia *(lernen; Inf)* → opin *(1. Pers. Sg)*
tt	t	tyttö *(Mädchen; Nsg)* → tytön *(Gsg)*
qualitativer Stufenwechsel		
k	–	lukea *(lesen; Inf)* → luen *(1. Pers. Sg)*
p	v	tapa *(Art; Nsg)* → tavalla *(Ade)*
t	d	katu *(Straße; Nsg)* → kadulla *(Ade)*
nk	ng	Helsinki *(Nsg)* → Helsingissä *(Ine)*
mp	mm	kumpi *(wer von beiden; Nsg)* → kumman *(Gsg)*
lt	ll	valta *(Macht; Staat; Nsg)* → vallan *(Gsg)*
nt	nn	antaa *(geben; Inf)* → annan *(1. Pers. Sg)*
rt	rr	ymmärtää *(verstehen; Inf)* → ymmärrän *(1. Pers. Sg)*

Sonderfälle		
k	j	särki *(Rotauge; Nsg)* → särjen *(Gsg)*
uku/yky	uvu/yvy	puku *(Kleidung; Nsg)* → puvun *(Gsg)*, kyky *(Fähigkeit; Nsg)* → kyvyn *(Gsg)*
si	de	käsi *(Hand; Nsg)* → käden *(Gsg)*
nen	sen	iloinen *(glücklich; Nsg)* → iloisen *(Gsg)*

Tytön nimi on Eeva. — *Der Name des Mädchens ist Eeva.*
Särjen peräevä on lyhyt. — *Die Rückenflosse des Rotauges ist kurz.*
En ymmärrä, mitä sanot. — *Ich verstehe nicht, was du sagst.*

Wenn Sie eine neue Vokabel lernen, ist es (zumindest am Anfang) daher überaus sinnvoll, bei Nomen stets den Genitiv Sg und bei Verben die 1. Pers. Sg mitzulernen, damit Sie sich den Stufenwechsel einprägen. Es wäre darüber hinaus auch zu empfehlen, bei einem neuen Nomen bereits den Partitiv Sg und Pl (Letzteren zur Bildung der Pluralformen) als Stammformen mitzulernen. Mit der Zeit bekommen Sie dann ein Gefühl für die Deklination und brauchen die Stammformen nur mehr in Spezialfällen mitzulernen, z.B. bei nicht vorhersehbarem Wechsel des Stammvokals von i zu e: Suomi → Suomen *Finnland*, aber Ruotsi → Ruotsin *Schweden*, oder bei Wörtern wie kuusi: 1) kuusi *sechs*, Gsg kuuden, Psg kuutta, Ppl kuusia; 2) kuusi *Tanne/Fichte*, Gsg kuusen, Psg kuusta, Ppl kuusia.

Der Stufenwechsel bei Nomen

Viele finnische Nomen – nämlich jene, die an der Grenze zwischen vorletzter und letzter Silbe Konsonanten aus obiger Tabelle enthalten – unterliegen im Zuge der Deklination dem Stufenwechsel. Im Singular stehen dabei meist der Nominativ, Partitiv, Illativ und Essiv in der starken Stufe, alle anderen Kasus in der schwachen. Das folgende Beispielwort *hattu* »Hut« mit dem Stufenwechsel tt → t soll dies verdeutlichen:

Kasus	**starke Stufe**	**schwache Stufe**
grammatikalische Kasus		
Nominativ	hattu	
Genitiv		hatun
Akkusativ		hatun
Partitiv	hattua	
innere Lokalkasus		
Inessiv		hatussa
Elativ		hatusta
Illativ	hattuun	

äußere Lokalkasus		
Adessiv		hatulla
Ablativ		hatulta
Allativ		hatulle
marginale Kasus		
Essiv	hattuna	
Translativ		hatuksi
Abessiv		hatutta

Es gibt nur wenige Nomen, bei denen der Nsg in der schwachen Stufe steht (dieser sog. umgekehrte Stufenwechsel von schwach auf stark kommt vor allem bei Verben der 3. und 4. Verbklasse vor; → Kapitel 12). Nomen mit umgekehrtem Stufenwechsel sind hauptsächlich Substantive auf -e oder Konsonant. Das Beispielwort *rengas* »Reifen« mit dem Stufenwechsel ng → nk soll diesen umgekehrten Wechsel verdeutlichen:

Kasus	**starke Stufe**	**schwache Stufe**
grammatikalische Kasus		
Nominativ		rengas
Genitiv	renkaan	
Akkusativ	renkaan	
Partitiv		rengasta
innere Lokalkasus		
Inessiv	renkaassa	
Elativ	renkaasta	
Illativ	renkaaseen	
äußere Lokalkasus		
Adessiv	renkaalla	
Ablativ	renkaalta	
Allativ	renkaalle	
marginale Kasus		
Essiv	renkaana	
Translativ	renkaaksi	
Abessiv	renkaatta	

Illativ und Essiv stehen also immer in der starken Stufe, egal ob von schwach auf stark gewechselt wird oder umgekehrt.

Übungen

1. Bilden Sie den Genitiv Singular (schwache Stufe + -n) der folgenden Nomen.

Beispiel: hattu → hatun

1. rotta ______________________
2. kukka ______________________
3. sänky ______________________
4. silta ______________________
5. äiti ______________________
6. siipi ______________________
7. lento ______________________
8. reikä ______________________
9. jalka ______________________
10. saksalainen ______________________

2. Verbinden Sie die Infinitive mit den dazugehörigen Formen der 1. Person Singular, die alle dem Stufenwechsel folgen.

tappaa	luen
lukea	odotan
onkia	sovin
nukkua	mietin
odottaa	särjen
alkaa	tapan
miettiä	kannan
sopia	alan
kantaa	nukun
särkeä	ongin

3. Hängen Sie jeweils die richtige Kasusendung an die Nomen und achten Sie dabei auf den Stufenwechsel und die Vokalharmonie.

1. kaupunki + ssA ______________________
2. tyttö + llA ______________________
3. Irlanti + ssA ______________________
4. laukku + stA ______________________
5. pöytä + llA ______________________
6. sänky + ssA ______________________
7. käsi + ssA ______________________
8. suomalainen + llA ______________________
9. kaappi + ssA ______________________
10. tölkki + ssA ______________________

3 Die grammatikalischen Kasus (Nominativ, Genitiv, Akkusativ und Partitiv)

Nominativ, Genitiv und Akkusativ sind die einzigen der 14 finnischen Fälle, die auch im Deutschen existieren. Allerdings übernehmen sie im Finnischen zum Teil andere Funktionen als im Deutschen. In diesem Kapitel geht es primär um die Bildung der grammatikalischen Kasus. Die verschiedenen Bereiche der Anwendung lernen Sie dann in den nachfolgenden Kapiteln kennen.

Nominativ

Der Nominativ ist die Grund- und Wörterbuchform eines Wortes. Er antwortet auf die Fragen kuka? *wer?* oder mikä? *was?, welcher, -e, -es?*, dient als Ausgangsform für den Gsg und hat im Singular keine spezielle Endung:

talo	*ein / das Haus*	koulu	*eine / die Schule*
päivä	*ein / der Tag*	auto	*ein / das Auto*
äiti	*eine / die Mutter*	tyttö	*ein / das Mädchen*

Tämä tyttö on tosi kaunis.	*Dieses Mädchen ist sehr schön.*
Talo maksaa kaksi miljoonaa euroa.	*Das Haus kostet 2 Mio. Euro.*

Im Plural bekommt der Nominativ die Endung -t und folgt dem Stufenwechsel. Die Endung -t wird dabei an den Genitivstamm (s.u.) angehängt:

talot	*die Häuser*	koulut	*die Schulen*
päivät	*die Tage*	autot	*die Autos*
äidit	*die Mütter*	tytöt	*die Mädchen*

Nämä tytöt ovat tosi kauniita*.	*Diese Mädchen sind sehr schön.*
Monet autot menivät ohi.	*Viele Autos fuhren vorbei.*

* Zur Verwendung des Partitiv Plural → Kapitel 8.

Genitiv

Der Genitiv ist ein wichtiger Fall im Finnischen, da sein Stamm (= Genitivform ohne -n; sog. Genitivstamm) zur Bildung zahlreicher anderer Kasus verwendet wird. Er antwortet auf die Fragen kenen? *wessen?, von wem?* oder minkä? *wessen?, von was?* und hat die Endung -n. In Wörtern mit Stufenwechsel steht er immer in der dem Nominativ entgegengesetzten Stufe. Die Bildung erfolgt auf unterschiedliche Art und Weise:

Nominativ Singular endet auf …		Bildung des Genitiv Singular	Beispiel
Vokal	-a, -o, -u, -y, -ä, -ö	+ -n	
	talo *(Haus)*	*z.T. Stufenwechsel von stark zu schwach*	talon
	pöytä *(Tisch)*		pöydän
	-e	+ -en	
	huone *(Zimmer)*	*z.T. Stufenwechsel von schwach zu stark*	huoneen
	koe *(Prüfung)*		kokeen
	-i	+ -n	
	posti *(Post)*	*z.T.* i *am Ende* → e	postin
	kieli *(Sprache)*	*z.T. Stufenwechsel von stark zu schwach*	kielen
	käsi *(Hand)*		käden
Konsonant	-l, -r	+ -en	
	askel *(Schritt)*	*z.T. Stufenwechsel von schwach zu stark*	askelen
	tytär *(Mädchen)*		tyttären
	-n	+ -en	
	avain *(Schlüssel)*	n *am Ende* → m	avaimen
	-nen	nen *am Ende* → sen	
	saksalainen *(Deutsche/r)*		saksalaisen
	-s	+ -en	
	rakennus *(Gebäude)*	s *am Ende* → ks	rakennuksen
	rakkaus *(Liebe)*	s *am Ende* → d	rakkauden
	-is	+ -in	
	kallis *(teuer)*	s *am Ende entfällt*	kalliin
	Lehnwörter	+ -in	
	internet		internetin

Analog zum Deutschen wird der Genitiv im Finnischen zur Angabe eines Besitzverhältnisses gebraucht. Beachten Sie aber, dass der im Genitiv stehende Besitzer im Finnischen immer vor dem Besitz steht, z.B. *siskon auto* »das Auto der Schwester«, wörtl.: »der Schwester Auto«; *Suomen kartta* »Karte von Finnland«, wörtl.: »Finnlands Karte«.

Saksalaisen nimi on Schmidt.	*Der Name des Deutschen ist Schmidt.*
Tämä on pojan avain.	*Dies ist der Schlüssel des Jungen.*

Darüber hinaus wird der Genitiv auch in Verbindung mit den Postpositionen gebraucht (→ Kapitel 29).

Akkusativ

Anders als im Deutschen, wo für ein direktes Objekt im Satz immer der Akkusativ verwendet wird, steht das direkte Objekt im Finnischen je nach Kontext in verschiedenen Kasus (Akkusativ oder Partitiv). Zusätzlich dazu hat der Akkusativ im Finnischen verschiedene Formen. Er kann, je nach Kontext, im Singular formengleich mit dem Genitiv oder Nominativ sein. Im Plural ist er formengleich mit dem Nominativ (→ Kapitel 8).

Die Personalpronomen und das Fragewort kenet? *wen?* weisen im Singular ein eigenes Akkusativsuffix -t auf. Die Akkusativformen der Personalpronomen finden Sie in Kapitel 25.

Partitiv

Einen Partitiv gibt es im Deutschen nicht. Er dient im Finnischen zur Angabe eines Teilobjektes und antwortet auf die Fragen ketä? *wen?* oder mitä? *was?*. Darüber hinaus wird er in Verneinungssätzen sowie in Verbindung mit Grundzahlen außer 1 (→ Kapitel 31) und mit bestimmten Verben gebraucht (→ Kapitel 22). Die Endung des Partitiv Singular ist -A, -tA oder -ttA. Die Bildung erfolgt ausgehend vom Nominativ Singular auf unterschiedliche Art und Weise:

Nominativ Singular endet auf …	**Bildung des Partitiv Singular**	**Beispiel**
zwei Vokale oder Konsonant	+ -tA	
radio *(Radio)*		radiota
museo *(Museum)*		museota
avain *(Schlüssel)*		avainta
olut *(Bier)*		olutta
kysymys *(Frage)*		kysymystä
-e	+ -ttA	
huone *(Zimmer)*		huonetta
virhe *(Fehler)*		virhettä
in allen anderen Fällen	+ -A	
kirja *(Buch)*		kirjaa
kahvi *(Kaffee)*		kahvia
hylly *(Regal)*		hyllyä

Puhutteko Te suomea? — *Sprechen Sie Finnisch?*
Huoneessa on neljä hyllyä. — *In dem Zimmer sind vier Regale.*

Sonderfälle:

- Nomina auf -si bilden den Partitiv Singular auf -ttA: käsi → kättä, vesi → vettä
- Nomina auf -nen bilden den Partitiv Singular auf -stA (diese Partitivendung darf niht mit dem Elativ (-stA) verwechselt werden; → Kapitel 5): ihminen → ihmistä, onnellinen → onnellista
- Einige Nomina auf -i ändern das -i – wie im Genitiv – auch im Partitiv Singular zu -e: suomi → suomea. Man muss sich jedoch bei jedem Wort merken, ob dies geschieht oder nicht, denn bei vielen Wörtern bleibt das -i erhalten, was leider nicht am Wort selbst erkennbar ist: ruotsi → ruotsia
- Nomina auf -eA weisen im Partitiv Parallelformen auf -eAA und -eAtA auf: vihreä → vihreää / vihreätä, sokea → sokeaa / sokeata.

PUHEKIELI

In der Umgangssprache wird anstelle der Partitivendung -A der Vokal des starken Genitivstamms verlängert und die Endung -eAtA durch -eetA ersetzt:

Nsg	Psg	Psg ugs.
euro	euroa	euroo
kuppi	kuppia	kuppii
suomi	suomea	suomee
vihreä	vihreätä	vihreetä

Übungen

1. Ordnen Sie die Genitivformen den dazugehörigen Nominativformen zu.

kirje	madon
luku	lukon
mato	maton
vaatetus	ihmisen
vuosi	luvun
terveys	vaatetuksen
lukko	terveyden
ihminen	kirjeen
matto	vuoden

2. Bilden Sie den Nominativ Singular zu folgenden Nomen im Genitiv Singular.

Beispiel: hatun → hattu

1. Suomen ______________
2. paikan ______________
3. oven ______________
4. lämmön ______________
5. ystävällisen ______________
6. kysymyksen ______________
7. monumentin ______________
8. perheen ______________
9. männyn ______________
10. avun ______________
11. jogurtin ______________
12. puhelimen ______________

3. Bilden Sie den Partitiv Singular der folgenden Wörter.

1. kynä ______________
2. osoite ______________
3. vene ______________
4. televisio ______________
5. kello ______________
6. pullo ______________
7. päivä ______________
8. herätys ______________
9. saksalainen ______________
10. yö ______________
11. kirje ______________
12. kassi ______________
13. asunto ______________
14. suomalainen ______________
15. katu ______________
16. kirja ______________
17. puhelin ______________
18. tee ______________
19. kone ______________
20. hame ______________
21. suu ______________
22. mies ______________
23. pää ______________
24. käsi ______________
25. maa ______________
26. vastaus ______________

4. Ergänzen Sie die Genitivformen der folgenden Wörter.

1. *Hier wohnt Leenas Mutter.* Tässä asuu ____________ (Leena) äiti.
2. *Das ist das Buch der Schwester.* Tämä on ____________ (sisko) kirja.
3. *Wo ist das Zimmer der Tochter?* Missä on ____________ (tytär) huone?
4. *Dort ist die Tür des Zimmers.* Tuossa on ____________ (huone) ovi.
5. *Hier ist das Ende der Straße.* Tässä on ____________ (katu) pää.
6. *Wer ist die Schwester von Mikko?* Kuka on ____________ (Mikko) sisko?
7. *Das ist die Freundin des Studenten.* Tämä on ____________ (opiskelija) ystävä.
8. *Das Auto der Frau ist rot.* ____________ (nainen) auto on punainen.
9. *Wo ist die Jacke des Kindes?* Missä on ____________ (lapsi) takki?
10. *Dort ist das Rathaus der Stadt.* Tuossa on ________ (kaupunki) kaupungintalo.

5. Bilden Sie die richtige Form der Nomen nach den Zahlen.

22 ________________ (avain)
6 ________________ (nainen)
2 ________________ (jalka)
2 ________________ (silmä)
1 ________________ (kieli)
5 ________________ (auto)
3 ________________ (kartta)
4 ________________ (käsi)
20 ________________ (sänky)
21 ________________ (talo)

4 Objektschemen

Welcher Fall auf die Frage *wen oder was?* zu wählen ist, ist das wahrscheinlich schwierigste Kapitel im Finnischen. Haben Sie den Gebrauch der verschiedenen Kasusformen zur Wiedergabe des direkten Objekts jedoch einmal verstanden, kann Sie eigentlich nichts mehr erschüttern.

Vollobjekt vs. Teilobjekt

Im positiven (d.h. bejahten) Singular steht das direkte zählbare Objekt (sog. Vollobjekt) im Akkusativ Singular mit der Endung -n. Der Akkusativ Singular ist in diesem Fall also formengleich mit dem Genitiv Singular (→ Kapitel 3):

Ostan kirjan.	*Ich kaufe ein / das Buch.*
Ostan auton.	*Ich kaufe ein / das Auto.*

Im Gegensatz dazu steht bei Teilobjekten, d.h. wenn das Objekt Teil einer größeren Menge bzw. nicht zählbar ist oder eine unbestimmte Menge ausdrückt, der Partitiv Singular. Als Daumenregel können Sie sich merken, dass meist der Partitiv gebraucht wird, wenn das Objekt im Deutschen ohne Artikel steht:

Ostan maitoa.	*Ich kaufe Milch.*
Juon olutta.	*Ich trinke Bier.*

Objekt im Plural

Ein bestimmtes Objekt in der Mehrzahl steht im Akkusativ Plural (= Nominativ Plural; Endung: -t; → Kapitel 8), ein unbestimmtes im Partitiv Plural (→ Kapitel 8). Auch hier gilt die oben genannte Daumenregel, dass eine Pluralform mit Artikel im Deutschen im Finnischen meist dem Akkusativ Plural entspricht und ein artikelloser Plural im Deutschen meist dem finnischen Partitiv Plural:

Ostan kirjat.	*Ich kaufe die Bücher.*
Ostan autot.	*Ich kaufe die Autos.*
Ostan kirjoja.	*Ich kaufe Bücher.*
Ostan autoja.	*Ich kaufe Autos.*

Verneintes Objekt

Ist das Objekt verneint, steht es immer im Partitiv (→ Kapitel 3):

Ostan kirjan.	*Ich kaufe ein / das Buch.*
En osta kirjaa.	*Ich kaufe das Buch nicht.*
En osta kirjoja.	*Ich kaufe keine Bücher.*

Gefühlsverben

Nach Verben, die Gefühle ausdrücken, steht der Partitiv:

Rakastan sinua. — *Ich liebe dich.*
Vihaan tätä kirjaa. — *Ich hasse dieses Buch.*

Auch nach der folgenden Auswahl wichtiger Verben steht das Objekt im Partitiv:

ajatella *(denken)*, auttaa *(helfen)*, edustaa *(vertreten)*, etsiä *(suchen)*, harrastaa *(als Hobby haben, (be)treiben)*, heikentää *((ab)schwächen)*, jatkaa *(fortsetzen)*, katsella *(anschauen, ansehen)*, kiinnostaa *(interessieren)*, korostaa *(betonen)*, kuunnella *(sich anhören)*, kysyä *(fragen nach)*, odottaa *(warten auf)*, opiskella *(lernen; studieren)*, puolustaa *(verteidigen)*, seurata *(folgen)*, tarkoittaa *(meinen; bezwecken)*, toivottaa *(wünschen)*, vaikeuttaa *(erschweren)*, vastustaa *(widersetzen)*, verrata *(vergleichen)*

Voinko auttaa sinua? — *Kann ich dir helfen?*
Harrastan jääkiekkoa ja jalkapalloa. — *Ich betreibe Eishockey und Fußball.*
Autossa me kuunnellaan aina radiota. — *Im Auto hören wir immer Radio.*
Etsin avainta, mutta en löytänyt sitä. — *Ich suchte den Schlüssel, aber ich habe ihn nicht gefunden.*

Nach Zahlen

Nach Zahlen außer 1 steht immer der Partitiv Singular(!). Auch das Verb steht in diesem Fall immer im Singular:

Kaksi poikaa pelaa šakkia. — *(Die) zwei Jungen spielen Schach.*
Hän tilasi kolme kuppia kahvia. — *Er/Sie bestellte drei Tassen Kaffee.*

Nach Wörtern, die ein Maß ausdrücken

In diesem Fall steht der Partitiv Singular. Es handelt sich dabei häufig um Getränke in einem Gefäß, wobei das »Gefäß« im Akkusativ steht (da es zählbar ist) und das Getränk im Partitiv (weil es nicht zählbar ist). Ebenso verhält es sich bei Maßeinheiten u.ä.:

Juon kupin kahvia. — *Ich trinke eine Tasse Kaffee.*
Juon lasin vettä. — *Ich trinke ein Glas Wasser.*
Ostan paketin pesuainetta. — *Ich kaufe eine Packung Waschpulver.*

Resultativ vs. irresultativ

Wenn eine Handlung ein Resultat hat, das hervorgehoben werden soll, steht das Objekt im Akkusativ. Hat die Handlung jedoch kein Resultat bzw. ist dieses nicht wichtig oder handelt es sich um eine fortdauernde Handlung, steht das Objekt im Partitiv:

Luen kirjan (loppuun). — *Ich lese das Buch (zu Ende).*
Luen kirjaa. — *Ich lese (gerade) das Buch / in dem Buch.*

Als Objekt bei positiven Imperativen

Bei Imperativen, die nicht verneint sind (→ Kapitel 24), sowie bei einigen unpersönlichen Ausdrücken des Müssens (→ Kapitel 22) und nach dem Impersonal (→ Kapitel 17 und 18) steht der Akkusativ Singular endungslos und gleicht in diesem Fall dem Nominativ Singular:

Osta kirja!	*Kauf das Buch!*
Kirja ostetaan.	*Man kauft ein Buch.*
Minun täytyy ostaa kirja.	*Ich muss das Buch kaufen.*
Pekan pitäisi ostaa tämä kirja.	*Pekka sollte sich dieses Buch kaufen.*

Übungen

1. Voll- oder Teilobjekt. Verwenden Sie den richtigen Kasus.

1. Me syömme ____________________ (*Brot*).
2. Hän lukee ____________________ (*den Brief*).
3. Minä ostan ____________________ (*das Fahrrad*).
4. Ostatko ____________________ (*Bier*)?
5. Hän leipoo ____________________ (*den Kuchen*).
6. Minä haluan ____________________ (*Tee*).
7. Hän juo ____________________ (*Kaffee*).
8. Syötkö ____________________ (*Schokolade*)?
9. He ostavat ____________________ (*Milch*).
10. Hän etsii ____________________ (*das Buch*).

Vokabelhilfe

Brot	leipä
Fahrrad	pyörä
Kuchen	kakku
Schokolade	suklaa

2. Korrigieren Sie die Wortfolge und unterstreichen Sie alle Objekte.

1. ? Te leipää aamiaiseksi ja Syöttekö voita
2. lasin juo Tytär vettä .
3. ystävämme suomalaiset Me näemme .
4. Rakastaako ? vaimoaan hän
5. täytyy Sinun mekko ostaa .
6. tänään Ostatko lehden ?
7. naiset Tästä ostavat kaupasta kenkiä .
8. ruokalistan tuo Tarjoilija .
9. kahvia juovat paljon Suomalaiset .
10. kakku Hae!

3. Verneinen Sie die Aussagen und bilden Sie den bejahten Imperativ.

Beispiel: Minä ostan kirjan. → En osta kirjaa. → Osta kirja!

Minä ostan …	En osta …	Osta …
1. talon	______.	______!
2. pöydän	______.	______!
3. avaimen	______.	______!
4. rakennuksen	______.	______!
5. maton	______.	______!
6. jogurtin	______.	______!
7. radion	______.	______!
8. auton	______.	______!
9. hatun	______.	______!
10. laukun	______.	______!

4. In welchem finnischen Kasus steht hier jeweils das direkte Objekt? Warum?

Beispiel: *Ich kaufe kein Buch.* → En osta kirjaa. | Verneinung = Partitiv

1. *Er trifft den Freund.*	Hän tapaa ______ (ystävä).
2. *Ich esse keinen Apfel.*	En syö ______ (omena).
3. *Du trinkst eine Flasche Milch.*	Juot ______ (pullo) ______ (maito).
4. *Ich sehe drei Frauen.*	Näen kolme ______ (nainen).
5. *Sie kaufen die Autos.*	He ostavat ______ (auto).
6. *Ich kaufe Saft.*	Ostan ______ (mehu).
7. *Er kauft keine Bücher.*	Hän ei osta ______ (kirja).
8. *Nimm die Karte!*	Ota ______ (kartta).
9. *Wir trinken Bier.*	Juomme ______ (olut).
10. *Liebst du mich?*	Rakastatko ______ (minä)?

5. Hier hat sich der Fehlerteufel eingeschlichen. Welche fünf Sätze sind falsch und wie muss die jeweils falsche Form richtig heißen? Übersetzen Sie die Sätze anschließend ins Deutsche.

1. Hän ostaa mehu.
2. Pekka rakastaa sinua.
3. Kolme naista asuu hotellissa.
4. Hän juo lasia vettä.
5. Me haluamme kahvi.
6. Ota lehti!
7. En osta kirjan.
8. Minä tapaan äidin.
9. Tässä on kaksi tyttöt.
10. Näetkö sinä auton?

5 Die Lokalkasus allgemein | Die inneren Lokalkasus

Das Finnische kennt sechs Lokalkasus, d.h. Fälle, die ein räumliches Verhältnis zum Ausdruck bringen. Im Deutschen werden hierfür Präpositionen verwendet: *Der Junge ist in der Schule. / Ich komme aus dem Haus. / Wir gehen zur Kirche.*

Im Finnischen herrscht sowohl bei den inneren als auch bei den äußeren Lokalkasus eine Dreiteilung:

Position an einer Stelle	missä?	*wo?*
Bewegung von einer Stelle weg	mistä?	*woher?*
Bewegung zu einer Stelle hin	mihin? / minne?	*wohin?*

Diese Dreiteilung findet sich auch bei den räumlichen Postpositionen (→ Kapitel 29).

Die inneren Lokalkasus beschreiben eine Position im Inneren oder eine Bewegung hinein oder heraus aus einem geschlossenen bzw. klar abgegrenzten Raum, während die äußeren Lokalkasus eine Position auf einer Oberfläche oder an einem weiter gefassten Ort bzw. eine Bewegung dorthin oder von dort weg beschreiben.

	wo?	*woher?*	*wohin?*
Die inneren Lokalkasus	Inessiv -ssA	Elativ -stA	Illativ -Vn, u.a.
Die äußeren Lokalkasus	Adessiv -llA	Ablativ -ltA	Allativ -lle

Zur Bildung der Lokalkasus wird die jeweilige Endung an den Genitivstamm angehängt, weshalb auch hier der Stufenwechsel zu beachten ist. Allerdings gibt es hinsichtlich des Stufenwechsels einige Ausnahmen (s.u. → Illativ).

An Beispielen verdeutlicht sieht die Einteilung der sechs Lokalkasus wie folgt aus:

Position an einer Stelle	**Bewegung von einer Stelle weg**	**Bewegung zu einer Stelle hin**
missä? *wo?* Inessiv (-ssA) Adessiv (-llA)	mistä? *woher?* Elativ (-stA) Ablativ (-ltA)	mihin? / minne? *wohin?* Illativ (-Vn) Allativ (-lle)
talossa *in dem Haus*	talosta *aus dem Haus (heraus)*	taloon *in das Haus (hinein)*
hyllyllä *auf dem Regal*	hyllyltä *von dem Regal (herunter)*	hyllylle *auf das Regal (hinauf)*
talon alla *unter dem Haus*	talon alta *von unter dem Haus (hervor)*	talon alle *unter das Haus (hinein)*

Neben der Bezeichnung örtlicher Relationen werden die Lokalkasus auch für andere abstrakte Funktionen verwendet, beispielsweise in Zeitangaben (→ Kapitel 30), zur Angabe des Habens (→ Kapitel 22) bzw. eines Instruments sowie in Verbindung mit bestimmten Verben. Einzelheiten hierzu finden Sie in den entsprechenden Kapiteln.

Die inneren Lokalkasus

Inessiv

Der Inessiv mit dem Suffix -ssA beschreibt die Position in einem begrenzten Raum oder Gegenstand. Er antwortet auf die Frage missä? *wo?* und entspricht weitgehend der deutschen Präposition »in (drinnen)«:

talo → talossa	*in einem / dem Haus*
sänky → sängyssä	*in einem / dem Bett*
maa → maassa	*in einem / dem Land*
käsi → kädessä	*in einer / der Hand*
huone → huoneessa	*in einem / dem Zimmer*

Elativ

Der Elativ mit dem Suffix -stA beschreibt eine Bewegung aus einem begrenzten Raum oder Gegenstand heraus und antwortet auf die Frage mistä? *woher?, woraus?*. Er entspricht somit meist der deutschen Präposition »aus«:

talo → talosta	*aus einem / dem Haus (heraus)*
sänky → sängystä	*aus einem / dem Bett (heraus)*
maa → maasta	*aus einem / dem Land (heraus)*
käsi → kädestä	*aus einer / der Hand (heraus)*
huone → huoneesta	*aus einem / dem Zimmer (heraus)*

Der Elativ steht auch in Verbindung mit dem Verb pitää (*mögen*):

Pidämme suklaasta ja karamelleistä.	*Wir mögen Schokolade und Karamellbonbons.*
Pidätkö klassisesta musiikista?	*Magst du klassische Musik?*
Isäni pitää lukemisesta.	*Mein Vater mag Lesen.*

Illativ

Der Illativ beschreibt eine Bewegung in einen klar begrenzten Raum oder Gegenstand hinein und entspricht weitgehend der deutschen Präposition »in (hinein)«. Er antwortet auf die Frage mihin? / minne? *wohin?* und hat drei verschiedene Endungen, die je nach Beschaffenheit des Wortes verwendet werden. Der Illativ ist der einzige Lokalkasus, der bei Stufenwechsel in der starken Stufe steht.

Die häufigste Endung ist -Vn. Das V steht für den letzten Vokal im Wort, der verlängert und dann von einem nachfolgenden -n ergänzt wird:

talo → taloon *in ein / das Haus (hinein)*
sänky → sänkyyn *in ein / das Bett (hinein)*
kaupunki → kaupunkiin *in eine / die Stadt (hinein)*

Einsilbige Nomen, die auf zwei Vokale auslauten, schieben vor -Vn noch ein -h- (-hVn) ein, um das Aufeinandertreffen von drei Vokalen zu vermeiden:

maa → maahan *in ein / das Land*
työ → työhön *in die Arbeit (= zur Arbeit)*
pää → päähän *in den Kopf*

Die dritte Endungsvariante -seen tritt an mehrsilbige Nomen, die bzw. deren Genitivstamm auf zwei Vokale enden:

Espoo → Espooseen *nach Espoo*
Lontoo → Lontooseen *nach London*
lentokone → lentokoneeseen *in ein / das Flugzeug*
huone → huoneeseen *in ein / das Zimmer*

Übungen

1. Ordnen Sie die Wörter in die richtige Spalte ein.

autosta | kaupunkiin | kirkossa | keittiöön | kylästä | Saksasta | kauppaan | huoneessa | laukusta | teatterissa | Suomessa

Position an einer Stelle	Bewegung von einer Stelle weg	Bewegung zu einer Stelle hin

2. Korrigieren Sie die folgenden Illativformen.

1. maa	–	maan	6. ihminen	–	ihmineniin
2. kone	–	koneehen	7. vene	–	veneen
3. Lontoo	–	Lontoohon	8. Köln	–	Kölneen
4. rakennus	–	rakennusiin	9. talo	–	talohon
5. Suomi	–	Suomiin	10. tie	–	tieesee

3. Übersetzen Sie ins Finnische und tragen Sie die richtigen Formen in das Kreuzworträtsel auf der nächsten Seite ein. Wie lautet das Lösungswort?

1. aus Helsinki
2. in der Stadt
3. zur Schule
4. in das Land
5. in der Küche
6. in der Tasche
7. in das Zimmer
8. in das Theater

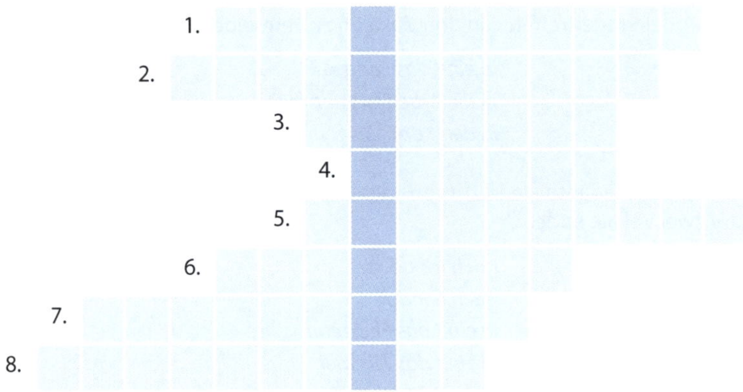

4. Setzen Sie die hervorgehobenen Wörter in der korrekten Form ein.

1. Mies menee ________________ (kaupungintalo).
2. Turistit tulevat ________________ (teatteri).
3. Eilen olin ________________ (museo).
4. Liisan ystävä tulee ________________ (kukkakauppa).
5. Anteeksi, miten pääsen ________________ (posti)?
6. Äiti on ________________ (sairaala).
7. Menetkö aina sunnuntaisin ________________ (kirkko)?
8. Olen usein ________________ (kirjasto).

5. Übersetzen Sie ins Finnische.

Kaisa geht von der Arbeit ins Restaurant und isst ein wenig. Vom Restaurant geht sie in den Supermarkt und kauft Milch, drei Bananen und eine Fertigpizza. Vom Supermarkt geht sie nach Hause. Von zu Hause geht sie ins Fitnessstudio und von dort zurück nach Hause.

Vokabelhilfe

Restaurant	ravintola
Supermarkt	kauppa
Fertigpizza	valmispizza
Fitnessstudio	kuntosali

6 Die äußeren Lokalkasus

Adessiv

Der Adessiv mit dem Suffix -llA beschreibt die Position auf oder bei einem Gegenstand oder Ort bzw. auf der Oberfläche eines Gegenstandes. Er antwortet wie der Inessiv auf die Frage missä? *wo?* und entspricht im Deutschen den Präpositionen »auf« und »bei«:

hylly → hyllyllä	*auf einem / dem Regal*
pöytä → pöydällä	*auf einem / dem Tisch*
tori → torilla	*auf einem / dem Markt*

Darüber hinaus werden mit dem Adessiv das Instrument oder Hilfsmittel, das man für etwas benutzt (z.B. Tulen autolla), und die finnische Entsprechung für das deutsche »haben« (→ Kapitel 22) ausgedrückt:

Menen bussilla.	*Ich fahre mit dem Bus. / Ich nehme den Bus.*
Kirjoitan kynällä.	*Ich schreibe mit dem Stift.*
Minulla on hyvä kynä.	*Ich habe einen guten Stift.*
Tarjalla on flunssa.	*Tarja hat die Grippe.*

Ablativ

Der Ablativ mit dem Suffix -ltA beschreibt eine Bewegung von einem Gegenstand herunter oder von einem Ort weg und antwortet wie der Elativ auf die Frage mistä? *woher?, woraus?*:

hylly → hyllyltä	*von einem / dem Regal (herunter)*
pöytä → pöydältä	*von einem / dem Tisch (herunter)*
tori → torilta	*von einem / dem Markt (weg)*

Zudem wird mit dem Ablativ die Uhrzeit angegeben:

(kello) kolmelta	*um drei (Uhr)*

Allativ

Der Allativ beschreibt eine Bewegung auf einen Gegenstand hinauf oder zu einem Gegenstand bzw. Ort hin. Er antwortet wie der Illativ auf die Frage mihin? / minne? *wohin?* und hat die Endung -lle:

hylly → hyllylle	*auf ein / das Regal*
pöytä → pöydälle	*auf einen / den Tisch*
tori → torille	*zu einem / dem Markt*

Bei einigen geographischen Namen werden anstelle der inneren Lokalkasus die äußeren verwendet. Zum einen handelt es sich hierbei um Ortsnamen, bei denen es logischer ist, sich *darauf* oder *bei etwas* zu befinden, statt *darin*, z.B. bei Namen auf -niemi (*Halbinsel*), -joki (*Fluss*) oder -järvi (*See*): Rovaniemi → Rovaniemellä *in Rovaniemi*, Seinäjoki → Seinäjoella *in Seinäjoki*. Zum anderen – und das ist leider der weitaus größere Teil –handelt es sich um Namen, bei denen man den Gebrauch der äußeren Kasus einfach dazulernen muss. Solche Ortsnamen sind: Tampere → Tampereella *in Tampere*, Vantaa → Vantaalla *in Vantaa*, Rauma → Raumalla *in Rauma*, Venäjä → Venäjällä *in Russland* u.a. Bei kleineren, unbekannteren Orten sind sich auch Finnen nicht immer sicher, ob die inneren oder äußeren Kasus gebraucht werden, und fragen entweder Ortsansässige nach dem Sprachgebrauch oder sehen im Internet nach. Es kann auch zu Parallelformen kommen, z.B. Vesilahdessa / Vesilahdella.

Achten Sie bei der Aussprache der äußeren Lokalkasus unbedingt auf den Unterschied der Laute ä und e. Er ist in diesem Fall bedeutungsunterscheidend:

hyllyllä	*auf einem / dem Regal*
hyllylle	*auf ein / das Regal*

Übungen

1. Übersetzen Sie unter Anwendung der äußeren Lokalkasus ins Finnische.

1. Ich nehme das Buch vom Regal.
2. Der Mann ist auf dem Hof.
3. Ich gehe zum Bahnhof.
4. Die Zeitung ist auf dem Tisch.
5. Die Frau kommt vom Markt.
6. Pekka ist auf der Straße.
7. Wir fahren nach Russland.

Vokabelhilfe

Hof	piha
Bahnhof	(rautatie)asema
er/sie kommt	hän tulee (*v.* tulla)

2. Was für ein Kommen und Gehen … Setzen Sie das Nomen jeweils in der richtigen Form ein.

1. Tulin ______________ (pysäkki) ja menin ______________ (kurssi).
2. Tulit ______________ (kioski) ja menit ______________ (ranta).
3. Tulimme ______________ (tie) ja menimme ______________ (katu).
4. Tulitte ______________ (asema) ja menitte ______________ (tori).
5. He tulivat ______________ (Rovaniemi) ja he menivät ______________ (Rauma).

3. Wählen Sie die richtige Endung.

1. Äiti tulee torilta | torille kotiin.
2. Kaisa asuu Kemijärvellä | Kemijärvessä.
3. Jyväskylällä | Jyväskylässä myydään asuntoja.
4. Laita kirjat takaisin hyllyllä | hyllylle.
5. Hän tuli teille | teillä kello viidellä | viideltä.
6. Boris muutti Venäjästä | Venäjältä Suomelle | Suomeen.

Vokabelhilfe

myydään (v. myydä)	*werden verkauft / verkauft man*

4. Setzen Sie den richtigen Lokalkasus ein.

1. Menemme ________________ (makuuhuone).
2. Asumme ________________ (Puistokatu).
3. Kylä on lahden ________________ (ranta).
4. Matkustamme ________________ (pohjoinen).
5. Herra Nieminen asuu ________________ (Tampere).
6. ________________ ________________ (mikä kaupunki) hän asuu?
7. Timo menee joka päivä ________________ (bussi) ________________ (työ).
8. Bussi menee ________________ (Helsinki) ________________ (Espoo).
9. Ostamme tavaroita ________________ (kauppatori).
10. Lapset jäävät ________________ (koulu).

Vokabelhilfe

makuuhuone	*Schlafzimmer*	tavara	*Ware, Artikel*
ranta	*Ufer*	jäädä (+ III)	*bleiben*
pohjoinen	*Norden*		

5. Finden Sie in dem Wortsalat die finnischen Entsprechungen folgender Wörter in verschiedenen Lokalkasus.

Abteilung | Buchhandlung | Disko | Gebiet | Hafen | Insel | Universität | Wand

D	A	C	O	S	A	S	T	O	L	L	E	A	J
I	R	A	H	A	L	U	E	E	L	L	A	L	A
S	X	Ä	T	T	U	L	E	I	G	P	M	E	J
K	I	R	J	A	K	A	U	P	P	A	A	N	B
O	B	M	A	M	T	I	Z	E	E	X	T	T	U
O	D	M	S	A	A	R	E	S	S	A	T	O	Ö
N	U	R	L	S	R	K	L	U	C	G	K	K	C
S	I	L	N	S	E	I	N	Ä	L	T	Ä	E	Ä
T	I	A	P	A	E	N	G	G	A	E	E	N	X
B	I	Y	L	I	O	P	I	S	T	O	S	T	A

7 Die marginalen Kasus (Essiv, Translativ und Abessiv)

Neben den grammatikalischen und den Lokalkasus gibt es im Finnischen noch weitere Fälle, die sog. marginalen Kasus. Im Folgenden werden die Bildung, jeweils ausgehend vom Genitivstamm, und die Funktion der drei wichtigsten marginalen Kasus – Essiv, Translativ und Abessiv – vorgestellt.

Essiv

Der Essiv beschreibt einen vorübergehenden Zustand (»als etwas oder jemand agieren, fungieren, arbeiten ...«). Er steht in der starken Stufe und hat die Endung -nA:

opettaja → opettajana	*als Lehrer*
suomalainen → suomalaisena	*als Finne*
ystävä → ystävänä	*als Freund*
Olen Saksassa turistina.	*Ich bin als Tourist in Deutschland.*
Antti oli kaksi viikkoa tarjoilijana.	*Antti war zwei Wochen (lang) Kellner.*

Wochentage und Zeitangaben im Essiv werden mit der deutschen Präposition »am« übersetzt (→ Kapitel 30):

maanantaina	*am Montag*
tänä aamuna	*am heutigen Morgen (= heute Morgen)*

Translativ

Der Translativ steht in der schwachen Stufe und hat die Endung -ksi. Er beschreibt den Endpunkt einer Veränderung (»zu etwas oder jemandem werden/machen«) bzw. eine Eigenschaft oder einen Stellung, in die jemand oder etwas gerät:

opettaja → (valmistaa) opettajaksi	*zu einem Lehrer (werden)*
suomalainen → (tulla) suomalaiseksi	*zu einem Finnen (werden)*
Mitä tämä on suomeksi?	*Was ist / heißt das auf Finnisch?*
Hän luuli minua ruotsalaiseksi.	*Er/Sie dachte, ich wäre Schwede.*
Lauri pääsi opettajaksi.	*Lauri wurde Lehrer.*
Tulkaa lähemmäksi!	*Kommt / Kommen Sie näher!*

In Verbindung mit Sprachen wird der Translativ mit »auf« übersetzt:

suomi → suomeksi	*auf Finnisch*

Ein Zeitausdruck im Translativ wird häufig mit »für (die Dauer von)« übersetzt:

viikko → viikoksi *für eine Woche*
vuosi → vuodeksi *für ein Jahr*

Abessiv

Der Abessiv ist ein sehr seltener Fall mit der Bedeutung »ohne« und der Endung -ttA. Er wird fast ausschließlich im Zusammenhang mit dem *ma*-Infinitiv (→ Kapitel 20) verwendet:

sanoa → sanoma- → sanomatta *ohne zu sagen*

In Verbindung mit Nomen wird für »ohne« fast immer die Präposition *ilman* mit dem Partitiv verwendet: ilman rahaa *ohne Geld*

Übungen

1. Setzen Sie die angegebenen Wörter im richtigen marginalen Kasus ein.

1. Kirjoitan kirjan ______________ (valmis).
2. Olimme ______________ (joulu) Suomessa.
3. Tulitko ______________ (kipeä)?
4. Lapsi lähti ______________ (iloinen) koulusta.
5. Lauri opiskeli ______________ (lääkäri).
6. Tulimme ______________ (sunnuntai) lomalta kotiin.
7. Mitä »Tukholma« on ______________ (ruotsi)?
8. Pekka valmistui ______________ (kokki)
9. ______________ (Nuori) olin paljon laihempi.
10. Martta on Espoossa ______________ (lääkäri).
11. Julia tuli Suomeen ______________ (vaihto-opiskelija).

Vokabelhilfe

valmis *zu Ende, fertig*
kipeä *krank*
iloinen *froh, fröhlich*
kokki *Koch*
laihempi *dünner, schlanker*
vaihto-opiskelija *Austauschstudent(-in)*

2. Übersetzen Sie ins Deutsche.

1. Maalaamme auton punaiseksi!
2. Vauvana hän oli vaaleatukkainen, mutta aikuisena hänestä tuli tummatukkainen.
3. Pekka on suorittanut tentin opiskelematta.
4. Viini muuttui vedeksi.
5. Perjantaina heillä on tärkeä tutkinto.
6. Minä käännän sen suomeksi.
7. Hän opiskelee opettajaksi.
8. Menetkö tänä yönä minun kanssani baariin?

Vokabelhilfe

vauva	*Baby*
vaaleatukkainen	*blond*
aikuinen	*Erwachsene(r)*
tummatukkainen	*dunkelhaarig*
suorittaa	*bestehen*
tentti	*Examen*
muuttua	*werden zu …*
tärkeä	*wichtig*
tutkinto	*Prüfung*

3. Für besonders Sprachbegabte. Wie heißt das auf …?

Mitä tämä on …

1. ____________________ (suomi)?
2. ____________________ (saksa)?
3. ____________________ (englanti)?
4. ____________________ (ranska)?
5. ____________________ (espanja)?
6. ____________________ (ruotsi)?
7. ____________________ (venäjä)?
8. ____________________ (viro)?
9. ____________________ (japani)?
10. ____________________ (islanti)?
11. ____________________ (puola)?
12. ____________________ (latvia)?
13. ____________________ (hollanti)?
14. ____________________ (italia)?
15. ____________________ (tšekki)?
16. ____________________ (unkari)?
17. ____________________ (kroatia / kroaatti)?
18. ____________________ (serbia)?

8 Plural

Zur Bildung des bestimmten Plural im Nominativ und Akkusativ wird die Endung -t an den Genitivstamm angehängt:

talot	*die Häuser*
pojat	*die Jungen*
huoneet	*die Zimmer*
saksalaiset	*die Deutschen*

Tytöt menevät keskustaan.	*Die Mädchen gehen in die Innenstadt.*
Minä näen suomalaiset.	*Ich sehe die Finnen.*

Alle anderen Kasus bilden den Plural mithilfe eines -i-, das zwischen Genitivstamm und der jeweiligen Kasusendung eingefügt wird, z.B.:

Nominativ	Singular	talo	*ein / das Haus*
	Plural	talo-t	*die Häuser*
Inessiv	Singular	talo-ssa	*in einem / dem Haus*
	Plural	talo-i-ssa	*in den Häusern*
Allativ	Singular	talo-lle	*auf ein / das Haus*
	Plural	talo-i-lle	*auf die Häuser*

Das Plural-i, das zwischen zwei Vokalen zu -j- wird, bewirkt in vielen Fällen lautliche Veränderungen im Stamm. Die wichtigsten sind in der folgenden Tabelle aufgeführt:

Endung des Stamms	Veränderung	Beispiel
-a	fällt in zweisilbigen Wörten weg, wenn der erste Vokal o/u ist	*poja-lta* → *poj-i-lta* *juna-lla* → *jun-i-lla*
	wird in mehrsilbigen Wörtern zu o, wenn der erste Vokal a/e/i ist	*karta-sta* → *karto-i-sta* *kirja-ssa* → *kirjo-i-ssa*
-e	entfällt	*piene-ssä* → *pien-i-ssä*
-i	wird zu e	*panki-ssa* → *panke-i-ssa*
-ä	fällt in zweisilbigen Wörtern weg	*metsä-stä* → *mets-i-stä*
VV	doppelte (= lange) Vokale werden einfach (= kurz)	*kaunii-lla* → *kauni-i-lla* *maa-ssa* → *ma-i-ssa*
-ie/-uo/-yö	der erste Bestandteil fällt weg	*tie-llä* → *te-i-llä*

Bei den Kasusendungen für den Genitiv, Partitiv und Illativ Plural gibt es Unterschiede gegenüber den Singularformen.

Genitiv Plural

Der Genitiv Plural hat die Endung -en bei Nomina auf -i (pieni → pieni-en) sowie für Wörter, deren Genitivstamm im Sg auf Vokal endet. Die Endungen -den/-tten werden für Wörter gebraucht, deren Stamm auf zwei Vokale oder einen Diphthong endet (-tten gilt vor allem in der gesprochenen Sprache). Beachten Sie neben den Veränderungen im Stamm, die sich durch das Plural-i ergeben, auch, dass der Genitiv Plural bei Nomen mit Stufenwechsel meist in der starken Stufe steht:

Nominativ Sg	Genitivstamm Sg	Pluralstamm	Genitiv Pl
juna	juna-	juni-	juni-en
ranta	ranna-	rantoi-	rantoj-en
maa	maa-	mai-	mai-den / mai-tten
työ	työ-	töi-	töi-den / töi-tten

Baltian maiden pääkaupungit ovat Tallinna, Riika ja Vilnius. — *Die Hauptstädte der Baltischen Länder sind Tallinn, Riga und Vilnius.*

He istuivat junien ensimmäisissä vaunuissa. — *Sie saßen in den ersten Waggons der Züge.*

Partitiv Plural

Der Partitiv Plural hat die Endung -A bei Nomina auf -i (pieni → pieni-ä) sowie bei Wörtern, deren Genitivstamm im Sg auf Vokal endet. Bei Wörtern, deren Pluralstamm auf zwei Vokale oder einen Diphthong endet, lautet die Endung -tA. Auch der Partitiv Plural steht bei Nomen mit Stufenwechsel meist in der starken Stufe. Er wird in der Regel gebraucht, wenn das Wort in der Mehrzahl unbestimmt ist:

Nominativ Sg	Genitivstamm Sg	Pluralstamm	Partitiv Pl
juna	juna-	juni-	juni-a
katu	kadu-	katui-	katuj-a
ihminen	ihmise-	ihmisi-	ihmisi-ä
maa	maa-	mai-	mai-ta
työ	työ-	töi-	töi-tä
kahvila	kahvila-	kahviloi-	kahviloi-ta
opiskelija	opiskelija-	opiskelijoi-	opiskelijoi-ta

Mika ja Olli ovat opiskelijoita. — *Mika und Olli sind Studenten.*

Keskustassa on viihtyisiä kahviloita. — *Im Zentrum sind gemütliche Cafés.*

Kadulla on paljon autoja. — *Auf der Straße sind viele Autos.*

Illativ Plural

Bei der Bildung des Illativ Plural wird – wie im Singular – der letzte Vokal, also das Plural-i verlängert und durch -n ergänzt (-Vn wie im Singular), wenn der Pluralstamm auf Konsonant + -i endet. Steht am Ende des Pluralstamms jedoch ein Diphthong, wird – ebenfalls analog zum Singular – ein h eingefügt, um das Aufeinandertreffen von drei Vokalen zu vermeiden (= -hin, da das Plural-i der letzte zu wiederholende Vokal ist):

Nominativ Singular	Pluralstamm	Illativ Plural
juna	juni-	juni-in
talo	taloi-	taloi-hin
maa	mai-	mai-hin

Matkustimme Välimeren maihin. — *Wir reisten in die Mittelmeerländer.*
Ihmiset menivät töihin. — *Die Menschen gingen zur Arbeit.*
Mummo laittoi hillon purkkeihin. — *Oma füllte die Marmelade in Gläser.*

Übungen

1. Setzen Sie die hervorgehobenen Satzteile in den Plural.

1. Syön ruotsalaista lihapullaa.
2. Menen autolla työhön.
3. Suomalaisella perheellä on kesämökki.
4. Ravintolassa ei ole vapaata pöytää.
5. Ostan punaisen paidan ja mustan takin.
6. Paljon terveisiä ystävällesi.
7. Menemme konserttiin.

2. Übersetzen Sie ins Finnische.

1. Frau Holopainen kauft neue Stühle.
2. Die Eltern suchen ihre Kinder im Kaufhaus.
3. Gebt ihr den Frauen Geschenke?
4. Ich liebe die gelben Rosen.
5. Wer nimmt die Bücher aus der Tasche?
6. Magst du die Zeitschriften?
7. Die Gäste gehen spät nach Hause.

Vokabelhilfe

suchen	etsiä *(+ Part)*	*Zeitschrift*	aikakauslehti
Kaufhaus	tavaratalo	*Gast*	vieras
Geschenk	lahja	*spät*	myöhään
Rose	ruusu		

3. Vervollständigen Sie die Tabelle mit den richtigen Pluralformen.

	kahvila (*Café*)	lasi (*Glas*)	kirje (*Brief*)	yliopisto (*Universität*)	työ (*Arbeit*)
Nominativ			kirjeet		
Genitiv					
Partitiv	kahviloita				
Inessiv					
Elativ		laseista			
Illativ					töihin

4. Hier sind – auch rückwärts und diagonal – die finnischen Entsprechungen folgender Wörter aus dem Bereich »Verkehr« im bestimmten Nominativ Plural versteckt. Finden Sie alle?

Straße | Flugzeug | Reise | Parkhaus | Haltestelle | Reifen | Kreuzung | Brücke | Tunnel

Ä	T	O	L	A	T	I	K	K	R	A	P	P
T	F	E	R	T	B	U	T	A	N	K	S	Ö
S	D	G	B	U	A	F	Ä	D	M	K	G	R
I	A	R	P	N	Ö	E	N	U	G	A	L	E
L	S	I	Ä	N	A	E	S	T	H	A	T	N
L	M	S	Ä	E	L	H	B	S	Ö	P	T	K
A	N	T	N	L	I	P	U	T	Y	F	M	A
T	K	E	H	I	N	H	K	S	E	Ä	A	A
Y	H	Y	Ä	T	Y	G	Ä	S	D	K	T	T
P	E	K	F	R	E	K	E	Y	R	A	K	E
Ä	F	S	M	Ö	I	F	G	Ö	L	A	A	N
H	L	E	N	T	O	K	O	N	E	E	T	N
A	G	T	A	D	T	Ä	E	M	T	D	F	E

9 Steigerung der Adjektive

Die Steigerung der Adjektive besteht im Finnischen, wie im Deutschen, aus drei Stufen: Positiv, Komparativ und Superlativ. Der Positiv ist die Grund-/Wörterbuchform. Zur Bildung des Komparativs wird -mpi an den Genitivstamm angehängt, für den Superlativ -in. Dabei kann es zu Konsonantenveränderungen durch Stufenwechsel kommen.

Positiv	iso *(groß)*	rikas *(reich)*
Komparativ	isompi *(größer)*	rikkaampi *(reicher)*
Superlativ	isoin *(am größten)*	rikkain *(am reichsten)*

Komparativ

Der Komparativ hat im Nominativ Singular die Endung -mpi. Durch das Anhängen der Endung an den Genitivstamm wird bei zweisilbigen Adjektiven ein -A im Stammauslaut zu -e-.

Grundform im Nsg	Grundform im Gsg	Komparativ im Nsg
suuri *(groß)*	suure|n	suure|mpi
kallis *(teuer)*	kallii|n	kallii|mpi
vanha *(alt)*	vanha|n	vanhe|mpi
kylmä *(kalt)*	kylmä|n	kylme|mpi
Unregelmäßige Komparativformen		
hyvä *(gut)*	[hyvä|n]	parempi
pitkä *(lang)*	[pitkä|n]	pitempi

Bei Vergleichen steht das Wort kuin + Nominativ nach dem Komparativ und entspricht somit den deutschen Wörtern *als* und *wie*. Anstelle des Wortes kuin kann aber auch der Partitiv verwendet werden, der dann allerdings vor der Komparativform des Adjektivs steht. Beide Ausdrucksweisen sind gleich gebräuchlich.

Sinä olet pitempi kuin Antti / Anttia pitempi. *Du bist größer als Antti.*
Kirkko on vanhempi kuin kaupungintalo. *Die Kirche ist älter als das Rathaus.*
Tänään on kylmempi kuin eilen. *Heute ist es kälter als gestern.*

Bitte beachten Sie, dass Komparativformen einen unregelmäßigen Deklinationsstamm haben: Das Nominativ-Kennzeichen -mpi wird in den schwachen Formen zu -mmA und in den starken Formen zu -mpA:

Nsg: suure|mpi → schwacher Stamm: suure|mma-
→ starker Stamm: suure|mpa-

Bei den deklinierten Komparativformen im Plural entfällt vor dem Pluralkennzeichen -i (→ Kapitel 8) das A der Komparativendung:

Banaanit ovat halvempia kuin mansikat. *Die Bananen sind günstiger als die Erdbeeren.*

Die folgende Tabelle gibt als Beispiel für die Komparativdeklination das Wort *suurempi*:

	Singular	Plural
Nominativ	suure|mpi	suure|mma|t
Genitiv	suure|mma|n	suure|mp|ien
Partitiv	suure|mpa|a	suure|mp|ia
Inessiv	suure|mma|ssa	suure|mm|issa
Elativ	suure|mma|sta	suure|mm|ista
Illativ	suure|mpa|an	suure|mp|iin
Adessiv etc.	suure|mma|lla	suure|mm|illa

Venäjä on suurempi maa kuin Suomi. *Russland ist ein größeres Land als Finnland.*

Asumme suuremmassa asunnossa kuin ennen. *Wir wohnen in einer größeren Wohnung als vorher.*

Hän ajaa nopeammilla autoilla. *Er/Sie fährt mit schnelleren Autos.*

Tyttöystäväni tykkää enemmän kalliimmista kuin halvemmista käsilaukuista. *Meine Freundin mag teurere Handtaschen mehr als billigere.*

Superlativ

Das Zeichen des Superlativs im Nominativ Singular ist -in. Durch Anfügen der Endung kommt es zu lautlichen Veränderungen im Stamm, die Parallelen zu jenen Veränderungen aufweisen, die durch das Plural-i (→ Kapitel 8) und das Imperfekt-i (→ Kapitel 13) hervorgerufen werden:

Stammauslaut	Veränderung	Beispiel
-A	entfällt	vanha, vanha|n → vanh|in kylmä, kylmä|n → kylm|in
-e	entfällt	suuri, suure|n → suur|in iloinen, iloise|n → ilois|in
-(i)i	wird zu -e	kallis, kallii|n → kalle|in siisti, siisti|n → siiste|in
langer Vokal	wird verkürzt	terve, tervee|n → terve|in rikas, rikkaa|n → rikka|in

Unregelmäßige Superlativformen		
Grundform im Nsg	**Komparativ im Nsg**	**Superlativ im Nsg**
hyvä *(gut)*	parempi	paras
pitkä *(lang)*	pitempi	pisin

Wie beim Komparativ lautet auch der Deklinationsstamm des Superlativs auf -A- aus. Das Nominativ-Kennzeichen -in wird in den schwachen Formen zu -immA und in den starken Formen zu -impA. Auch hier entfällt bei den deklinierten Formen im Plural das A der Superlativendung vor dem Pluralkennzeichen -i (→ Kapitel 8):

	Singular	Plural
Nominativ	suur|in	suur|imma|t
Genitiv	suur|imma|n	suur|imp|ien
Partitiv	suur|in|ta	suur|imp|ia
Inessiv	suur|imma|ssa	suur|imm|issa
Elativ	suur|imma|sta	suur|imm|ista
Illativ	suur|impa|an	suur|imp|iin
Adessiv etc.	suur|imma|lla	suur|imm|illa

Minun tyttöystäväni on kaunein. — *Meine Freundin ist die Schönste.*

Antti on lyhyempi kuin minä, mutta Yrjö on lyhyin. — *Antti ist kleiner als ich, aber Yrjö (= Georg) ist der kleinste.*

Liechtenstein on yksi maailman pienimmistä maista. — *Liechtenstein ist eines der kleinsten Länder der Welt.*

Die Steigerung folgender Adverbien ist unregelmäßig:

Nominativ Singular	Komparativ im Nsg	Superlativ im Nsg
paljon *(viel)*	enemmän	eniten
vähän *(wenig)*	vähemmän	vähiten

Suomalaiset juovat eniten kahvia koko maailmassa. — *Die Finnen trinken am meisten Kaffee auf der ganzen Welt.*

Tarvitset vähemmän ruokaa ja enemmän liikuntaa. — *Du brauchst weniger Essen und mehr Bewegung.*

Se oli vähiten yllättävä asia. — *Das war die am wenigsten überraschende Sache.*

Übungen

1. *gut – besser – der, die, das beste!* Auch Sie steigern sich mittlerweile. Zeigen Sie dies, indem Sie die fehlenden Formen einsetzen.

Positiv	Komparativ	Superlativ	Deutsch
kylmä			
		isoin	
		kallein	
mielenkiintoinen			
			gut – besser – beste(r)
	pienempi		
			alt – älter – älteste(r)
vaikea			
	paksumpi		
		korkein	

2. Bilden Sie den Komparativ und Superlativ folgender Adjektive.

1. helppo ________________ ________________
2. hidas ________________ ________________
3. huono ________________ ________________
4. iso ________________ ________________
5. likainen ________________ ________________
6. lyhyt ________________ ________________
7. pieni ________________ ________________
8. pitkä ________________ ________________
9. suuri ________________ ________________
10. vanha ________________ ________________

3. Bilden Sie Sätze nach folgendem Muster.

Beispiel: iso | kaupunki: Helsinki → Tampere: Helsinki on isompi kaupunki kuin Tampere. / Tampere on pienempi kaupunki kuin Helsinki.

1. iso | maa: Venäjä → Suomi
2. nopea | juoksija: Usain Bolt → Paavo Nurmi
3. kylmä | paikka: Suomi → Espanja
4. pitkä | matka: Helsinki – Rovaniemi → Turku – Jyväskylä

4. Setzen Sie die Komparativ- bzw. Superlativformen aus Übung 2 im richtigen Kasus ein.

1. __________________ (pitkä, *Superlativ*) pojalla on sininen paita päällä.
2. Leenalla on __________________ (lyhyt, *Komparativ*) poikaystävä kuin Marjalla.
3. Oletko jo ollut ________________ (vanha, *Komparativ*) kaupungissa kuin Roomassa?
4. Janne asuu kaupungin __________________ (pieni, *Superlativ*) talossa.
5. Onko vyöni pienessä vai __________________ (iso, *Komparativ*) laukussa?
6. Onko suomen kieli __________________ (helppo, *Komparativ*) kuin kiinan kieli?
7. Hän tuli __________________ (hidas, *Komparativ*) junalla.
8. Tämä oli __________________ (huono, *Superlativ*) filmi, jonka olen koskaan nähnyt.
9. Keittiön ikkunat ovat ____________________ (likainen, *Komparativ*) kuin makuuhuoneen ikkunat, mutta kellarin ikkunat ovat ______________ (likainen, *Superlativ*).
10. Oletko kotoisin __________________ (suuri, *Komparativ*) maasta kuin minä?

5. Können Sie sich noch steigern? Finden Sie in jeder Gruppe eine falsch gebildete Komparativ- oder Superlativform. In welchem Kasus stehen jeweils die richtigen Formen.

Komparativ	Kasus
1. likaisemman	____________
surullisempaa	____________
iloisempassa	____________
2. tervempi	____________
vanhemmasta	____________
lämpimämpi	____________
3. laihemmalla	____________
rumempaa	____________
vaaleämpi	____________
Superlativ	
4. nuorimpat	____________
pienimmistä	____________
uusimpiin	____________
5. puhtainta	____________
ahdain	____________
kauneimpaan	____________

10 Allgemeines zum Verb (Verbklassen | Personalendungen | Stufenwechsel | Negationsverb)

Verbklassen

Es gibt im Finnischen, ausgehend von der jeweiligen Infinitivendung, sechs verschiedene Verbklassen:

Verbklasse	Infinitivendung	Beispiele
1	Infinitiv endet auf zwei Vokale (-VA)	kysyä, odottaa
2	Infinitiv endet auf -dA, davor steht ein Konsonant, ein langer Vokal oder ein Diphthong	syödä, juoda
3	Infinitiv endet auf -ll, -nn, -rr oder -st + A	tulla, mennä, nousta
4	Infinitiv endet auf -tA, wobei der Stamm auf Vokal endet	haluta, ruveta
5	Infinitivendung auf -itA (Stammerweiterung durch -tse-)	tarvita
6	Infinitivendung auf -etA (Stammerweiterung durch -ne-)	vanheta, lämmetä

Wie der Stamm, von dem ein Großteil der konjugierten Verbformen abgeleitet wird, zu bilden ist, hängt jeweils davon ab, zu welcher Klasse ein Verb gehört: kysyä → kysy-, syödä → syö-, tulla → tule-. Details hierzu erfahren Sie in den Kapiteln 11 und 12.

Personalendungen

Die Verben aller Verbklassen erhalten zur Bildung finiter (bestimmter) Verbformen immer die gleichen Personalendungen (Ausnahme: Verben der Klasse 2 in der 3. Pers. Sg), die an den Flexionsstamm angehängt werden. Sie lauten:

Singular			Plural		
1. Person	(minä)	-n	1. Person	(me)	-mme
2. Person	(sinä)	-t	2. Person	(te)	-tte
3. Person	hän / se	-V*	3. Person	he / ne	-vAt

* Der vorhergehende Vokal des Flexionsstamms wird verlängert. Verben der Verbklasse 2 haben in der 3. Pers. Sg keine Endung, da hier bereits im Stamm zwei Vokale aufeinandertreffen (→ Kapitel 11).

Hän syö paljon. — *Er/Sie isst viel.*
Te puhutte suomea. — *Ihr sprecht / Sie sprechen Finnisch.*

Stufenwechsel

Es sind alle Verbklassen vom Stufenwechsel (→ Kapitel 2) betroffen, außer die Verben der Klassen 2 und 5. Bei Verben der Klasse 1 stehen der Infinitiv sowie die 3. Person in der starken Stufe, die 1. und 2. Person jeweils in der schwachen. Verben der Klassen 3, 4 und 6 hingegen haben einen schwachen Infinitiv und vollziehen den umgekehrten Stufenwechsel in allen Personen. Als Beispiele dienen hier die Verben nukkua »schlafen« (Verbklasse 1, Stufenwechsel kk → k), harjoitella »üben« (Verbklasse 3, Stufenwechsel t → tt) und nyökätä »nicken« (Verbklasse 4, Stufenwechsel k → kk):

Person		Personal-pronomen	starke Stufe	schwache Stufe
Verbklasse 1		Infinitiv	nukkua	
1. Person	Singular	(minä)		nukun
2. Person	Singular	(sinä)		nukut
3. Person	Singular	hän / se	nukkuu	
1. Person	Plural	(me)		nukumme
2. Person	Plural	(te)		nukutte
3. Person	Plural	he / ne	nukkuvat	
Verbklasse 3		Infinitiv		harjoitella
1. Person	Singular	(minä)	harjoittelen	
2. Person	Singular	(sinä)	harjoittelet	
3. Person	Singular	hän / se	harjoittelee	
1. Person	Plural	(me)	harjoittelemme	
2. Person	Plural	(te)	harjoittelette	
3. Person	Plural	he / ne	harjoittelevat	
Verbklasse 4		Infinitiv		nyökätä
1. Person	Singular	(minä)	nyökkään	
2. Person	Singular	(sinä)	nyökkäät	
3. Person	Singular	hän / se	nyökkää	
1. Person	Plural	(me)	nyökkäämme	
2. Person	Plural	(te)	nyökkäätte	
3. Person	Plural	he / ne	nyökkäävät	

Minä nukun sängyssä. *Ich schlafe im Bett.*
He nukkuvat hyvin. *Sie schlafen gut.*

Negationsverb

Zur Verneinung wird im Finnischen – anders als im Deutschen – kein unveränderliches Wort wie »nicht« gebraucht. Stattdessen gibt es ein Negationsverb mit bestimmten Verneinungsformen für jede Person:

Singular			Plural		
1. Person	(minä)	en	1. Person	(me)	emme
2. Person	(sinä)	et	2. Person	(te)	ette
3. Person	hän / se	ei	3. Person	he / ne	eivät

Wie genau in den einzelnen Zeiten verneint wird, erfahren Sie in den jeweiligen Kapiteln zum Tempus.

PUHEKIELI

Das Verneinungsverb hat, wie auch alle anderen Verben, in der Umgangssprache in der 3. Person Plural die Singularform.

Ne on siellä. (= He / Ne ovat siellä.) *Sie sind dort.*
Ne ei oo siellä. (= He / Ne eivät ole siellä.) *Sie sind nicht dort.*

Übungen

1. Sind die folgenden Aussagen richtig oder falsch?

1. Im Finnischen wird verneint, indem man »nicht« vor das konjugierte Verb stellt.
2. Die Verbklassen 2, 5 und 6 sind nicht vom Stufenwechsel betroffen.
3. Die Personalendungen sind bei allen Verbklassen fast immer die gleichen.
4. Die Personalendungen lauten im Plural -mme, -tte, -vAt.
5. Die Verbklassen 3 und 4 haben einen Stufenwechsel von schwach im Infinitiv zu stark im Präsens.
6. Man erkennt an der Infinitivendung immer, welcher Verbklasse ein Verb angehört.
7. Falls Sie auf die vorangehende Aussage mit »richtig« geantwortet haben: Welche Endungen haben die einzelnen Klassen; falls Sie mit »falsch« geantwortet haben: Warum nicht?
8. Jedes finnische Verb hat einen Infinitiv.

2. Ordnen Sie folgende Infinitive ihren Verbklassen zu.

ampua (*schießen*) | antaa (*geben*) | auttaa (*helfen*) | avata (*öffnen*) | edetä (*vorankommen*) | ehdottaa (*vorschlagen*) | ehtiä (*zeitlich schaffen*) | haluta (*wollen, mögen*) | hymyillä (*lächeln*) | hypätä (*hüpfen*) | ihmetellä (*sich wundern*) | käydä (*gehen, besuchen*) | mainita (*erwähnen*) | ommella (*nähen*) | palata (*zurückkommen*) | surra (*trauern, traurig sein*) | tarvita (*brauchen*) | tupakoida (*[Tabak] rauchen*) | vanheta (*älter werden*) | yllättää (*überraschen*)

Verbklasse	Verben
1	
2	
3	
4	
5	
6	

3. Konjugieren Sie folgende Verben aus Übung 2.

	antaa	käydä	ommella
(minä)			
(sinä)			
hän / se			
(me)			
(te)			
he / ne			

11 Die Verbklassen 1–3 im Präsens

Verbklasse 1: -VA

Der Infinitiv endet auf zwei Vokale, von denen der erste der Stammvokal (-V) und der zweite die Infitivendung -A ist. Die Verben dieser Klasse sind zahlreich und unterliegen dem Stufenwechsel (→ Kapitel 2) ggfs. wie folgt: Infinitiv und 3. Personen stehen in der starken, 1. und 2. Personen in der schwachen Stufe (als Beispiel s. im vorigen Kapitel nukkua »schlafen«). Welches Verb mit Stufenwechsel konjugiert wird, hängt von den Konsonanten im Infinitiv ab. Zur Erleichterung in der Anwendung der Verbformen ist es daher sinnvoll, beim Lernen neuer Verben stets die 1. Pers. Sg gleich mitzulernen.

Beispiel ohne Stufenwechsel:

kysy|ä* *(fragen)* Stamm: kysy-					
Singular			**Plural**		
1. Person	(minä)	kysyn	1. Person	(me)	kysymme
2. Person	(sinä)	kysyt	2. Person	(te)	kysytte
3. Person	hän / se	kysyy	3. Person	he / ne	kysyvät

* Die Infinitivendung ist hier und im Folgenden stets mit einem vertikalen Strich (|) vom Stamm abgetrennt.

Beispiel mit Stufenwechsel:

odotta|a *(warten)* Stamm: schwach: odota-, stark: odotta-					
Singular			**Plural**		
1. Person	(minä)	odotan	1. Person	(me)	odotamme
2. Person	(sinä)	odotat	2. Person	(te)	odotatte
3. Person	hän / se	odottaa	3. Person	he / ne	odottavat

Hän puhuu saksaa, englantia ja suomea.	*Er/Sie spricht Deutsch, Englisch und Finnisch.*
He asuvat Wienissä.	*Sie wohnen in Wien.*
Me annamme heille kirjat.	*Wir geben ihnen die Bücher.*
Ymmärrätkö, mitä hän sanoo?	*Verstehst du, was er/sie sagt?*

Verbklasse 2: -dA

Der Infinitiv endet auf -dA. Zudem haben Verben dieser Verbklasse immer die gleiche Struktur: Konsonant, langer Vokal oder Diphthong, gefolgt von der Infinitivendung -dA. Sie unterliegen nicht dem Stufenwechsel.

syö|dä *(essen)* Stamm: syö-					
Singular			**Plural**		
1. Person	(minä)	syön	1. Person	(me)	syömme
2. Person	(sinä)	syöt	2. Person	(te)	syötte
3. Person	hän / se	syö	3. Person	he / ne	syövät

Suomalaiset juovat paljon olutta. *(Die) Finnen trinken viel Bier.*
Myyttekö Te myös kenkiä? *Verkaufen Sie auch Schuhe?*

Aufgrund der Tatsache, dass nicht drei Vokale aufeinanderfolgen dürfen, kommt es in der 3. Pers. Sg zu keiner Vokalverlängerung; diese Form hat quasi keine Endung und entspricht in dieser Klasse immer dem Stamm.

Auch die unregelmäßigen Verben nähdä (*sehen*) und tehdä (*machen*) gehören in diese Klasse, da das h im Infinitiv quasi unbeachtet bleibt:

näh|dä *(sehen)* / teh|dä *(machen)* Stamm: näe- / tee-					
Singular			**Plural**		
1. Person	(minä)	näen / teen	1. Person	(me)	näemme / teemme
2. Person	(sinä)	näet / teet	2. Person	(te)	näette / teette
3. Person	hän / se	näkee / tekee	3. Person	he / ne	näkevät / tekevät

Mitä teemme lomalla? *Was machen wir im Urlaub?*

Verbklasse 3: -KA

Verben dieser Klasse enden im Infinitiv auf -ll, -nn, -rr oder -st + A, wobei der letzte Konsonant + A die Infinitivendung darstellen: tul|la, men|nä, sur|ra, nous|ta. Nach Abstreichen der Endung wird ein Stammvokal -e- eingefügt: tul|la → tul- → tule-. An den erweiterten Stamm treten dann die Personalendungen. In dieser Verbklasse besteht nur umgekehrter Stufenwechsel von schwach zu stark, allerdings in allen Personen. Welches Verb mit Stufenwechsel konjugiert wird, sollte auch hier am besten gleich mitgelernt werden.

Die Endung -tA ist in erster Linie charakteristisch für die Verbklassen 4, 5 und 6. Jedoch steht bei diesen die Infinitivendung -tA nach einem Vokal, während sie hier nur nach -s- steht, z.B. nous|ta.

Beispiele ohne Stufenwechsel:

tul|la *(kommen)* / nous|ta *(aufstehen)* / men|nä *(gehen)* Stamm: tule- / nouse- / mene-					
Singular			**Plural**		
1. Person	(minä)	tulen / nousen / menen	1. Person	(me)	tulemme / nousemme / menemme
2. Person	(sinä)	tulet / nouset / menet	2. Person	(te)	tulette / nousette / menette
3. Person	hän / se	tulee / nousee / menee	3. Person	he / ne	tulevat / nousevat / menevät

Beispiel mit Stufenwechsel:

harjoitel|la *(üben)* Stamm: harjoittele-					
Singular			**Plural**		
1. Person	(minä)	harjoittelen	1. Person	(me)	harjoittelemme
2. Person	(sinä)	harjoittelet	2. Person	(te)	harjoittelette
3. Person	hän / se	harjoittelee	3. Person	he / ne	harjoittelevat

Auch das unregelmäßige Verb olla (*sein*) gehört in diese Klasse:

ol|la *(sein)* Stamm: ole-					
Singular			**Plural**		
1. Person	(minä)	olen	1. Person	(me)	olemme
2. Person	(sinä)	olet	2. Person	(te)	olette
3. Person	hän / se	on	3. Person	he / ne	ovat

Ebenso zählt das unregelmäßige Verb juosta (*rennen, laufen*), das seinen Stamm von s zu ks ändert, zur 3. Verbklasse:

juos|ta *(rennen, laufen)* Stamm: juokse-					
Singular			**Plural**		
1. Person	(minä)	juoksen	1. Person	(me)	juoksemme
2. Person	(sinä)	juokset	2. Person	(te)	juoksette
3. Person	hän / se	juoksee	3. Person	he / ne	juoksevat

Hän tulee Hampurista.	*Er/Sie kommt aus Hamburg.*
Menetkö kanssani teatteriin?	*Gehst du mit mir ins Theater?*
Tänään pesemme ikkunat.	*Heute putzen wir die Fenster.*
Ajattelen usein (minun) siskoani.	*Ich denke oft an meine Schwester.*

Verneinung

Zur Verneinung im Präsens steht das Negationsverb vor dem jeweiligen Verbstamm (= 1. Pers. Sg ohne Personalendung -n):

Singular				**Plural**			
(minä)	en	kysy	tule	(me)	emme	kysy	tule
(sinä)	et	odota	harjoittele	(te)	ette	odota	harjoittele
hän / se	ei	syö	ole	he / ne	eivät	syö	ole

En ymmärrä, mitä hän sanoo.	*Ich verstehe nicht, was er/sie sagt.*
Etkö puhu suomea?	*Sprichst du kein Finnisch?*
Hän ei voi tulla tänään.	*Er/Sie kann heute nicht kommen.*
Emme mene elokuviin.	*Wir gehen nicht ins Kino.*
He eivät juo kahvia.	*Sie trinken keinen Kaffee.*

PUHEKIELI

Die Verben olla und tulla haben umgangssprachliche Kurzformen:

	olla	tulla
mä	oon	tuun
sä	oot	tuut
se	on	tulee
me	ollaan	tullaan
te	ootte	tuutte
ne	on	tulee

Bei Entscheidungsfragen wird die Fragepartikel -kO meist zu -ks reduziert oder vollständig ausgelassen. Das Personalpronomen, das dem Verb folgt, verschmilzt mit diesem oft zu einer Einheit:

tuutsä? / tuut sä?	(= tuletko (sinä)?)	*kommst du?*
ollaanks me?	(= olemmeko (me)?)	*sind wir?*
haluutteks te?	(= haluatteko (te)?)	*wollt ihr? / wollen Sie?*

Übungen

1. Vervollständigen Sie die Tabelle.

	lukea (*lesen*)	voida (*können*)	surra (*trauern*)	ajatella (*denken*)
(minä)				
(sinä)				
hän / se				
(me)				
(te)				
he / ne				

2. Übersetzen Sie ins Finnische.

1. Entschuldigung, wohnen Sie in einem Hotel?
2. Sie legt die Zeitung auf den Tisch.
3. Wartest du auf den Bus?
4. Wir essen heute Abend Fisch.
5. Wann steht ihr morgens auf?
6. Sie bringen das Kind zur Schule.
7. Die Mädchen kommen aus dem Kaufhaus.
8. Ich rufe dich morgen an.
9. Er/Sie kann den Kuchen kaufen.
10. Sprichst du auch Italienisch?

Vokabelhilfe

legen	panna	*bringen*	viedä
Fisch	kala	*Italienisch*	italia
morgens	aamuisin		

3. Setzen Sie die richtigen Verbformen ein.

1. He ________________ (on) kiinalaisia.
2. Mikka ei ________________ (juoda) maitoa aamiaiseksi.
3. Miksi sinä ________________ (juosta) niin nopeasti?
4. Hän ________________ (matkustaa) tänään Sveitsiin.
5. Me emme ________________ (puhua) englantia emmekä puolaa.
6. Huomenna he ________________ (syödä) lounasta ravintolassa.
7. Te ________________ (asua) Saksassa.
8. ________________ kö (ymmärtää), mitä he ________________ (sanoa)?
9. Mitä sinä ________________ (tehdä) viikonloppuna?

4. Geben Sie verneinende Kurzantworten (Negationsverb + korrekte Verbform) auf die folgenden Fragen.

1. Etsittekö te avainta?
2. Jäävätkö he vielä kirjastoon?
3. Tuleeko hän tänä iltana Pekan luo?
4. Tietävätkö he, missä kaupungintalo on?
5. Kuunteletko radiota?
6. Ajaako hän ensi viikolla Tampereelle?
7. Juttelevatko he politiikasta?
8. Lähdetkö nyt?
9. Saako täällä pelata jalkapalloa?
10. Juotteko Te aamulla maitoa?

Vokabelhilfe

jutella *plaudern, sich unterhalten*
jalkapallo *Fußball*

5. Üben, üben, üben ... Konjugieren Sie folgende Verben im Präsens.

	työskennellä (*arbeiten*)	kuulla (*hören*)	vaatia (*fordern, verlangen*)	sopia (*passen; vereinbaren*)
(minä)				
(sinä)				
hän / se				
(me)				
(te)				
he / ne				

	syntyä (*geboren werden*)	organisoida (*organisieren*)	suomentaa (*ins Finnische übersetzen*)	ehtiä (*zeitlich schaffen*)
(minä)				
(sinä)				
hän / se				
(me)				
(te)				
he / ne				

12 Die Verbklassen 4–6 im Präsens

Verbklasse 4: -[V]tA

Verben dieser Klasse enden im Infinitiv auf -tA, wobei der Stamm – im Gegensatz zu Verben der Klasse 3 – auf Vokal endet: pala|ta, ruve|ta, koo|ta, halu|ta usw. (Achtung: Verben auf -etA und -itA können auch Verben der 5. oder 6. Klasse sein. Dies muss bei jedem Verb mitgelernt werden.) Der Stamm wird vor der Personalendung mit -A- erweitert. Auch in dieser Verbklasse besteht nur umgekehrter Stufenwechsel in allen Personen.

Beispiele ohne Stufenwechsel:

halu|ta *(wollen)* / pala|ta *(zurückkehren)* Stamm: halua- / palaa-					
Singular			**Plural**		
1. Person	(minä)	haluan / palaan	1. Person	(me)	haluamme / palaamme
2. Person	(sinä)	haluat / palaat	2. Person	(te)	haluatte / palaatte
3. Person	hän / se	haluaa / palaa*	3. Person	he / ne	haluavat / palaavat

* Da wie hier bei einem Stamm auf -A und dem zusätzlichen Erweiterungs-A bereits zwei gleiche Vokale aufeinandertreffen, entfällt die Vokalverlängerung in diesem Fall. In Fällen wie *haluaa* hingegen dürfen drei Vokale hintereinander stehen.

Beispiele mit Stufenwechsel:

ruve|ta *(anfangen)* / koota *(zusammenbauen, -setzen)* Stamm: rupea- / kokoa-					
Singular			**Plural**		
1. Person	(minä)	rupean / kokoan	1. Person	(me)	rupeamme / kokoamme
2. Person	(sinä)	rupeat / kokoat	2. Person	(te)	rupeatte / kokoatte
3. Person	hän /se	rupeaa / kokoaa	3. Person	he / ne	rupeavat / kokoavat

Lapset haluavat pelata korttia.	*Die Kinder wollen Karten spielen.*
Palaamme asiaan myöhemmin.	*Wir kommen später darauf zurück.*
Lapsi ei rupea nukkumaan ilman maitoa.	*Das Kind schläft nicht ohne Milch ein (wörtl.: beginnt nicht zu schlafen ohne Milch).*
Nuori poika kokoaa linnan pienoismallia.	*Der junge Bub baut Modellschlösser zusammen.*

Verbklasse 5: -[i]tA

Verben dieser Klasse enden im Infinitiv auf -i-tA und erhalten die Stammerweiterung -tse-. Die Verben der 5. Klasse haben keinen Stufenwechsel. Da es auch Verben auf -itA gibt, die zur Verbklasse 4 gehören, ist es auch hier sinnvoll, die 1. Pers. Sg bzw. die Verbklasse mitzulernen.

tarvi|ta *(brauchen, benötigen)* Stamm: tarvitse-					
Singular			**Plural**		
1. Person	(minä)	tarvitsen	1. Person	(me)	tarvitsemme
2. Person	(sinä)	tarvitset	2. Person	(te)	tarvitsette
3. Person	hän / se	tarvitsee	3. Person	he / ne	tarvitsevat

Tarvitsetko apua?	*Brauchst du Hilfe?*
Tällä kertaa mainitsen vain muutamia esimerkkejä.	*Dieses Mal erwähne ich nur einige Beispiele.*
En tarvitse ketään.	*Ich brauche niemanden.*
Kumman sinä valitset?	*Wen (von beiden) suchst du dir aus?*

Verbklasse 6: -[e]tA

Die wenigen Verben dieser Klasse enden im Infinitiv auf -e-tA und erhalten die Stammerweiterung -ne-. Auch hier sollte man die 1. Pers. Sg stets mitlernen, da die Klasse 4 ebenfalls Verben auf -etA enthält. Diese Verbklasse wechselt von schwachem Infinitiv zu starkem Präsens in allen Personen.

Beispiel ohne Stufenwechsel:

vanhe|ta *(altern, älter werden)* Stamm: vanhene-					
Singular			**Plural**		
1. Person	(minä)	vanhenen	1. Person	(me)	vanhenemme
2. Person	(sinä)	vanhenet	2. Person	(te)	vanhenette
3. Person	hän / se	vanhenee	3. Person	he / ne	vanhenevat

Haluan vanheta arvokkaasti.	*Ich möchte in Würde altern.*

Beispiel mit Stufenwechsel:

kye|tä *(imstande sein, taugen)* Stamm: kyke-					
Singular			**Plural**		
1. Person	(minä)	kykenen	1. Person	(me)	kykenemme
2. Person	(sinä)	kykenet	2. Person	(te)	kykenette
3. Person	hän / se	kykenee	3. Person	he / ne	kykenevät

Kykenen analysointiin ja loogiseen päättelyyn. — *Ich bin gut im Analysieren und im logischen Schlussfolgern.*

En vanhene mielelläni. — *Ich werde nicht gerne älter.*

Hän ei kykene mihinkään. — *Er/Sie ist zu nichts zu gebrauchen.*

Zur Verneinung im Präsens → Kapitel 11.

Übungen

1. Bestimmen Sie die Verbklasse der folgenden Verben und konjugieren Sie sie im Präsens.

harjoitella | kysyä | vanheta | häiritä | juoda | istuutua | hävitä

2. Setzen Sie das Verb in der richtigen Form ein.

Beispiel: Olen (olla, minä) melkein valmis.

1. ______________ (harjoitella, me) suomea joka päivä.
2. ______________ (käydä, minä) Kauppatorilla ja sen jälkeen Sokoksella.
3. Hän ______________ (puhua) sujuvasti suomea.
4. Susanna ______________ (tulla) mukaan, mutta Jussi ______________ (jäädä) kotiin.
5. ______________ (tarvita, minä) vähän rahaa.
6. Harjoitus ______________ (tehdä) mestarin.
7. Kuvassa ______________ (näkyä) meri ja saaria.
8. Anna ______________ (kirjoittaa) kirjeen Eevalle.
9. Laiva ______________ (saapua) Helsinkiin klo 19.25.
10. He ______________ (mennä) bussilla Lappiin.

3. Bilden Sie mindestens zehn Sätze mit den Verben aus Übung 1.

4. Setzen Sie an passender Stelle die Verben jeweils in der korrekten Form ein.

waagerecht

2 minä: varastaa (*stehlen*) ✓
te: lyödä (*schlagen*)
3 minä: ylittää (*überqueren*)
4 sinä: syödä (*essen*)
5 hän: etsiä (*suchen*)
minä: koota (*aufbauen*)
7 sinä: liimata (*kleben*)
8 minä: vaeltaa (*wandern*)
10 sinä: tulla (*kommen*)
11 minä: säästää (*sparen*)
12 me: mennä (*gehen*)
13 me: lähteä (*weggehen*)
14 sinä: sanoa (*sagen*)
15 minä: esitellä (*vorstellen*)
16 se: virrata (*fließen*)
sinä: lähettää (*schicken*)

senkrecht

2 sinä: visertää (*zwitschern*)
he: olla (*sein*)
3 hän: uida (*schwimmen*)
4 he: ryöstää (*rauben*)
6 sinä: silittää (*streicheln*)
8 hän: tarvita (*brauchen*)
10 me: lentää (*fliegen*)
11 minä: lakkoilla (*streiken*)
14 sinä: juoda (*trinken*) ✓
15 me: sahata (*sägen*)
16 minä: elää (*leben*)
sinä: kammata (*kämmen*)

1	2	3	4	5	6	7	8	9	10	11	12	13	14	15	16
2	V	A	R	A	S	T	A	N							
3															
4															
5															
6															
7															
8															
9															
10															
11															
12															
13													J		
14													U		
15													O		
16													T		

13 Imperfekt

Als regelmäßiges Imperfektzeichen wird im Finnischen zwischen Stamm und Personalendung ein -i- eingefügt. Die Regeln des Stufenwechsels sowie die Personalendungen entsprechen im Imperfekt jenen im Präsens, lediglich bei der 3. Pers. Sg gibt es eine Ausnahme: Hier entfällt die Vokalverlängerung. Durch das Einfügen des Imperfekt-i kommt es in einigen Verbklassen zu Veränderungen im Stamm, die im Folgenden jeweils erläutert werden.

Verbklasse 1

kysy|ä *(fragen)*					
Singular			**Plural**		
1. Person	(minä)	kysy|i|n	1. Person	(me)	kysy|i|mme
2. Person	(sinä)	kysy|i|t	2. Person	(te)	kysy|i|tte
3. Person	hän / se	kysy|i	3. Person	he / ne	kysy|i|vät

Veränderungen im Stamm:

1. Ein auslautendes -e-, -i- oder -ä- im Stamm schwindet: kuljen → kuljin, etsin → etsin (Formengleichheit), lähden → lähdin

lähte|ä *(weggehen, abfahren)*					
Singular			**Plural**		
1. Person	(minä)	lähd|i|n	1. Person	(me)	lähd|i|mme
2. Person	(sinä)	lähd|i|t	2. Person	(te)	lähd|i|tte
3. Person	hän / se	läht|i	3. Person	he / ne	lähti|i|vät

2. Ein auslautendes -a- im Stamm

- wird bei zweisilbigen Verben zu -o-, wenn die erste Silbe ein -a- enthält: annan → annoin, laulan → lauloin
- schwindet, wenn der Stamm drei- oder mehrsilbig ist oder wenn der erste Vokal ein -o- oder -u- ist: kirjoitan → kirjoitin, otan → otin

anta|a *(geben)* / otta|a *(nehmen)*					
Singular			**Plural**		
1. Person	(minä)	anno|i|n / ot|i|n	1. Person	(me)	anno|i|mme / ot|i|mme
2. Person	(sinä)	anno|i|t / ot|i|t	2. Person	(te)	anno|i|tte / ot|i|tte
3. Person	hän / se	anto|i / ott|i	3. Person	he / ne	anto|i|vat / ott|i|vat

3. Ein -t- (oder -d-) im Stamm/Infinitiv wird vor dem Imperfekt-i- zu -s-: tiedän → tiesin, tunnen (< tuntea) → tunsin; nicht jedoch in Konsonantenverbindungen: lähden → lähdin, kestän → kestin. Da diese Veränderung nicht regelmäßig ist, empfiehlt es sich, die Imperfektform der 3. Pers. Sg eines Verbs – ebenso wie die entsprechende Präsensform – immer gleich mitzulernen.

tunte|a *(kennen)*					
Singular			**Plural**		
1. Person	(minä)	tuns|i|n	1. Person	(me)	tuns|i|mme
2. Person	(sinä)	tuns|i|t	2. Person	(te)	tuns|i|tte
3. Person	hän / se	tuns|i	3. Person	he / ne	tuns|i|vat

He lähtivät eilen lomalle Kreikkaan. — *Sie fuhren gestern in den Urlaub nach Griechenland.*

Hän antoi minulle avaimet. — *Er/Sie gab mir die Schlüssel.*

Otin takin mukaan, koska ulkona oli niin kylmä. — *Ich nahm die Jacke mit, weil es draußen so kalt war.*

Otit paidan kaapista. — *Du nahmst das Hemd aus dem Schrank.*

Tunsin hänet. — *Ich kannte ihn/sie.*

Verbklasse 2

Durch Anhängen des Imperfekt-i wird der erste Vokal des Diphthongs getilgt bzw. der lange Vokal gekürzt:

syö|dä *(essen)* / saa|da *(dürfen; bekommen)*					
Singular			**Plural**		
1. Person	(minä)	sö|i|n / sa|i|n	1. Person	(me)	sö|i|mme / sa|i|mme
2. Person	(sinä)	sö|i|t / sa|i|t	2. Person	(te)	sö|i|tte / sa|i|tte
3. Person	hän / se	sö|i / sa|i	3. Person	he / ne	sö|i|vät / sa|i|vat

Die unregelmäßigen Verben nähdä und tehdä bilden ihre Imperfektformen regelmäßig von ihren Präsensformen, während das im Präsens regelmäßige käydä im Imperfekt ein -v- einschiebt und somit unregelmäßig wird.

näh|dä *(sehen)* / teh|dä *(machen)* / käy|dä *(gehen, besuchen)*					
Singular			**Plural**		
1. Person	(minä)	näin / tein / kävin	1. Person	(me)	näimme / teimme / kävimme
2. Person	(sinä)	näit / teit / kävit	2. Person	(te)	näitte / teitte / kävitte
3. Person	hän / se	näki / teki / kävi	3. Person	he / ne	näkivät / tekivät / kävivät

Söitkö koko kakun? *Hast du den ganzen Kuchen gegessen?*
Hän tupakoi kaksikymmentä vuotta. *Er/Sie raucht(e) 20 Jahre lang.*
Sain flunssan, kun olin Lapissa. *Ich bekam die Grippe, als ich in Lappland war.*
Kävitkö tänään kaupassa? *Bist du heute einkaufen gegangen?*
Kävimme illalla saunassa. *Wir gingen am Abend in die Sauna.*

Verbklasse 3

Das im Präsens eingeschobene -e- schwindet vor dem -i-.

Beispiele ohne Stufenwechsel:

tul|la *(kommen)* / nous|ta *(aufstehen)*					
Singular			**Plural**		
1. Person	(minä)	tul|i|n / nous|i|n	1. Person	(me)	tul|i|mme / nous|i|mme
2. Person	(sinä)	tul|i|t / nous|i|t	2. Person	(te)	tul|i|tte / nous|i|tte
3. Person	hän / se	tul|i / nous|i	3. Person	he / ne	tul|i|vat / nous|i|vat

Beispiel mit Stufenwechsel:

harjoitel|la *(üben)*					
Singular			**Plural**		
1. Person	(minä)	harjoittel|i|n	1. Person	(me)	harjoittel|i|mme
2. Person	(sinä)	harjoittel|i|t	2. Person	(te)	harjoittel|i|tte
3. Person	hän / se	harjoittel|i	3. Person	he / ne	harjoittel|i|vat

Das Verb olla (*sein*) ist im Imperfekt ebenfalls regelmäßig:

ol|la *(sein)*					
Singular			**Plural**		
1. Person	(minä)	ol|i|n	1. Person	(me)	ol|i|mme
2. Person	(sinä)	ol|i|t	2. Person	(te)	ol|i|tte
3. Person	hän / se	ol|i	3. Person	he / ne	ol|i|vat

Harjoittelin joka päivä suomea. *Ich übte jeden Tag Finnisch.*
Nousimme bussiin Puistokadulla. *Wir stiegen in der Puistokatu in den Bus ein.*
Olin lapsena aika pieni. *Ich war als Kind ziemlich klein.*
Aurinko nousi tänään klo 4.27. *Die Sonne ging heute um 4.27 Uhr auf.*
Kun tulin kotiin, minua odotti yllätys. *Als ich nach Hause kam, wartete eine Überraschung auf mich.*

Verbklasse 4

In dieser Verbklasse wird das -ta- des Infinitivs im Imperfekt zu -si-. Unterliegt das Verb dem Stufenwechsel, so ist es in allen Personen stark.

Beispiele ohne Stufenwechsel:

halu|ta *(wollen)* / pala|ta *(zurückkehren)*					
Singular			**Plural**		
1. Person	(minä)	halu|si|n / pala|si|n	1. Person	(me)	halu|si|mme / pala|si|mme
2. Person	(sinä)	halu|si|t / pala|si| t	2. Person	(te)	halu|si|tte / pala|si|tte
3. Person	hän / se	halu|si / pala|si	3. Person	he / ne	halu|si|vat / pala|si|vat

Beispiele mit Stufenwechsel:

ruve|ta *(anfangen)* / koo|ta *(zusammenbauen, -setzen)*					
Singular			**Plural**		
1. Person	(minä)	rupe|si|n / koko|si|n	1. Person	(me)	rupe|si|mme / koko|si|mme
2. Person	(sinä)	rupe|si|t / koko|si|t	2. Person	(te)	rupe|si|tte / koko|si|tte
3. Person	hän / se	rupe|si / koko|si	3. Person	he / ne	rupe|si|vat / koko|si|vat

Hän halusi tulla, mutta hän ei ehtinyt. — *Er/Sie wollte kommen, aber er/sie hat es (zeitl.) nicht geschafft.*

Mies palasi kotiin eilen. — *Der Mann kehrte gestern nach Hause zurück.*

Verbklassen 5 und 6

Die Stammerweiterungen -tse- und -ne- (5. / 6. Verbklasse) werden zu -tsi- und -ni-:

tarvi|ta *(brauchen)* (5.) / vanhe|ta *(älter werden)* (6.)					
Singular			**Plural**		
1. Person	(minä)	tarvi|tsi|n / vanhe|ni|n	1. Person	(me)	tarvi|tsi|mme / vanhe|ni|mme
2. Person	(sinä)	tarvi|tsi|t / vanhe|ni|t	2. Person	(te)	tarvi|tsi|tte / vanhe|ni|tte
3. Person	hän / se	tarvi|tsi / vanhe|ni	3. Person	he / ne	tarvi|tsi|vat / vanhe|ni|vat

Vanhenin taas vuoden. — *Ich wurde wieder ein Jahr älter.*

Kaikki tarvitsivat apua. — *Alle brauchten Hilfe.*

Verneinung

Anders als im Präsens wird die Verneinung im Imperfekt mit dem Negationsverb und dem Partizip Perfekt Aktiv (→ Kapitel 14) eines Verbs gebildet:

Singular				Plural			
1. Person	(minä)	en	kysynyt	1. Person	(me)	emme	kysyneet
2. Person	(sinä)	et	ollut	2. Person	(te)	ette	olleet
3. Person	hän / se	ei	tarvinnut	3. Person	he / ne	eivät	tarvinneet

Seppo osti hyllyn, vaikka hän ei tarvinnut sitä enää. — *Seppo kaufte das Regal, obwohl er es nicht mehr brauchte.*

Eilen en ollut töissä, koska olin sairas. — *Gestern war ich nicht bei der Arbeit, weil ich krank war.*

He eivät matkustaneet Norjaan, koska se olisi tullut liian kalliiksi. — *Sie reisten nicht nach Norwegen, weil es zu teuer geworden wäre.*

En kysynyt mielipidettäsi. — *Ich habe nicht nach deiner Meinung gefragt.*

Übungen

1. Bilden Sie die 3. Person Sg Präsens und Imperfekt folgender Infinitive.

Beispiel: sanoa → sanoo, sanoi

1. myydä ________ ________
2. purra ________ ________
3. vastata ________ ________
4. pimetä ________ ________
5. herätä ________ ________
6. nousta ________ ________
7. pudota ________ ________
8. hiihtää ________ ________
9. vuokrata ________ ________
10. kiivetä ________ ________
11. antaa ________ ________
12. valita ________ ________
13. heiketä ________ ________
14. kutsua ________ ________
15. hypätä ________ ________

2. Setzen Sie folgenden Text ins Imperfekt.

Henna menee Kreikkaan lomalle. Lento menee hyvin ja Henna saapuu hotelliin. Henna menee Kreikkaan, koska siellä on aurinkoinen sää ja hän pitää paljon uimisesta ja sukeltamisesta. Hän asuu hotellissa, joka sijaitsee pienellä saarella. Illalla hän lähtee hotellista kaupungin keskustaan ja ostaa muutamia tavaroita. Seuraavana päivänä hän menee laivalla toiselle saarelle. Viikon jälkeen hän palaa kotiin.

3. Verneinen Sie folgende Sätze. Achten Sie auf die Veränderung der Objekte.

1. Äiti laittoi ruokaa.
2. Marja meni ostoksille.
3. Tytöt lähtivät kouluun.
4. Odotin sinun vastaavan minulle.
5. Minun täytyi tehdä kotitehtävät.
6. Opettaja auttoi minua.
7. Jänikset asuivat metsässä.
8. Isä kertoi lapsille kuninkaasta ja prinsessasta.

Vokabelhilfe

sinun vastaavan	*dass du antwortest*
jänis	*Hase*
kuningas	*König*

4. Bilden Sie den Infinitiv folgender Verben im Imperfekt.

Beispiel: sanoi → sanoa

1. vanhenimme __________
2. halusit __________
3. tapasi __________
4. leikitte __________
5. laitoin __________
6. tarjosi __________
7. palasi __________
8. vertasin __________
9. maksoit __________
10. huomasitte __________
11. pelkäsi __________
12. tuli __________
13. osasi __________
14. häiritsimme __________

14 Perfekt und Plusquamperfekt

Das finnische Perfekt und Plusquamperfekt sind wie im Deutschen zusammengesetzte Zeiten. Sie werden mit dem Hilfsverb olla (*sein*) und dem Partizip Perfekt Aktiv gebildet.

Das Partizip Perfekt Aktiv hat die Endungen -nUt im Singular und -neet im Plural. Diese werden an den Flexionsstamm angehängt, wobei es zu bestimmten Anpassungen der Endung an den Stamm kommt: Lautet dieser auf l, r oder s aus (Verbklasse 3), wird statt des Partizip-n der jeweilige Konsonant wiederholt. Bei den Verbklassen 4–6 wird das Partizip-n verdoppelt:

Verbklasse	Infinitiv / Stamm	Partizip Perfekt Singular	Partizip Perfekt Plural
1	anta|a kysy|ä odotta|a	anta|nut kysy|nyt odotta|nut	anta|neet kysy|neet odotta|neet
2	syö|dä saa|da	syö|nyt saa|nut	syö|neet saa|neet
3	tul|la men|nä sur|ra nous|ta harjoitel|la ol|la	tul|lut men|nyt sur|rut nous|sut harjoitel|lut ol|lut	tul|leet men|neet sur|reet nous|seet harjoitel|leet ol|leet
4	halu|ta pala|ta ruve|ta koo|ta	halu|nnut pala|nnut ruve|nnut koo|nnut	halu|nneet pala|nneet ruve|nneet koo|nneet
5	tarvi|ta	tarvi|nnut	tarvi|nneet
6	vanhe|ta	vanhe|nnut	vanhe|nneet

Bildung des Perfekts

olla im Präsens + Partizip Perfekt Aktiv

(minä)	olen		(me)	olemme	
(sinä)	olet	kysynyt	(te)	olette	kysyneet
hän / se	on		he / ne	ovat	

Olemme asuneet täällä jo vuoden. — *Wir wohnen schon ein Jahr hier.*
Olet jo kysynyt minulta. — *Du hast mich bereits gefragt.*
Oletteko jo syöneet? — *Habt ihr schon gegessen?*

In Verbindung mit dem Pronomen te wird die Singularform des Partizip Perfekt Aktiv (-nUt) verwendet, wenn es sich um die höfliche Anrede einer einzelnen Person handelt:

te olette puhuneet — *ihr habt / Sie haben gesprochen* (mehrere Personen)
Te olette puhunut — *Sie haben gesprochen* (eine Person)

Verneinung

Das negierte Perfekt wird mit Negationsverb + ole + Partizip Perfekt Aktiv gebildet:

(minä)	en		odottanut	(me)	emme		odottaneet
(sinä)	et	ole	ollut	(te)	ette	ole	olleet
hän / se	ei		halunnut	he / ne	eivät		halunneet

En ole vielä saanut sitä. — *Ich habe es noch nicht bekommen.*
Tätä emme ole odottaneet! — *Das haben wir nicht erwartet!*
Lapset eivät ole lukeneet. — *Die Kinder haben nicht gelesen.*

Bildung des Plusquamperfekts

olla im Imperfekt + Partizip Perfekt Aktiv

(minä)	olin		(me)	olimme	
(sinä)	olit	kysynyt	(te)	olitte	kysyneet
hän / se	oli		he / ne	olivat	

Pekka oli kirjoittanut kirjeen, kun hänen äitinsä tuli huoneeseen. — *Pekka hatte einen Brief geschrieben, als seine Mutter in das Zimmer kam.*
Olimme ostaneet kukat, ennen kuin ajoimme keskustaan. — *Wir hatten die Blumen gekauft, bevor wir in die Stadt fuhren.*
Olin odottanut viisi minuuttia, kun hän lopulta tuli. — *Ich hatte fünf Minuten gewartet, als er/sie endlich kam.*

Verneinung

Das negierte Plusquamperfekt wird folgendermaßen gebildet: Negationsverb + ollut (Sg) / olleet (Pl) + Partizip Perfekt Aktiv

(minä)	en		odottanut	(me)	emme		odottaneet
(sinä)	et	ollut	ollut	(te)	ette	olleet	olleet
hän / se	ei		halunnut	he / ne	eivät		halunneet

He eivät vielä olleet tehneet harjoitusta, kun opettaja kysyi heiltä. — *Sie hatten die Übung noch nicht gemacht, als die Lehrerin sie fragte.*

Hän ei vielä ollut tullut, kun konsertti alkoi. — *Er/Sie war noch nicht angekommen, als das Konzert begann.*

Übungen

1. Beantworten Sie die Fragen im Imperfekt verneinend.

Beispiel: Myitkö jo asuntosi? → En myynyt asuntoani (*od.* sitä).

1. Nousitteko myöhemmin aamulla?
2. Tulitteko aikaisin kurssille?
3. Annoitko minulle rahaa?
4. Ostitko jo uuden auton?
5. Kerroitko äidillesi terveisiä?
6. Opiskelitteko eilen paljon?
7. Söitkö illalla grillipihvin?
8. Joitteko paljon olutta lauantaina?
9. Avasitko ikkunan?
10. Kävikö hän saunassa?

2. Setzen Sie die Sätze ins Perfekt.

Beispiel: Minna nukkuu jo kauan. → Minna on nukkunut jo kauan.

1. Herra Nieminen asuu Puistokadulla.
2. Lapset eivät käy kirjastossa tänään.
3. Henna tulee mukaan teatteriin.
4. Syömme kalaa.
5. Mari ja Sarianna tapaavat kaupan edessä.
6. Emme kirjoita esseetä.
7. Naapurimme muuttaa Ruotsiin.
8. Bussi ei saavu ajoissa.
9. Koira makaa penkillä ja nukkuu.
10. Poliisi ei löydä murhaajaa.

3. Übersetzen Sie ins Finnische.

1. Der Mann ist heute morgen gestorben.
2. Wir kauften das Haus, nachdem wir die Preise verglichen hatten.
3. Wir mussten das Bett verkaufen.
4. Wir hatten kein Geld mehr.
5. Das regnerische Wetter setzte sich fort.
6. Ich hatte beschlossen, mit dem Zug nach Helsinki zu fahren.
7. Die Kinder spielten draußen und die Erwachsenen unterhielten sich drinnen.

Vokabelhilfe

sterben	kuolla
nachdem	sen jälkeen kun
Preis	hinta
kein/nicht … mehr	ei … enää
regnerisch	sateinen
sich fortsetzen	jatkua
sich unterhalten	keskustella

4. Kreuzen Sie die richtige Zeit an.

	Präsens	Imperfekt	Perfekt	Plusquamperfekt
hän matkusti	❒	❒	❒	❒
(sinä) et tarvinnut	❒	❒	❒	❒
(me) olemme ostaneet	❒	❒	❒	❒
(minä) en laula	❒	❒	❒	❒
(sinä) et ole laulanut	❒	❒	❒	❒
(te) olitte syöneet	❒	❒	❒	❒
hän opiskelee	❒	❒	❒	❒
(minä) en ollut soittanut	❒	❒	❒	❒
hän on ajatellut	❒	❒	❒	❒
(minä) olin ollut	❒	❒	❒	❒
(te) asuitte	❒	❒	❒	❒
he eivät ole antaneet	❒	❒	❒	❒
(me) lähdemme	❒	❒	❒	❒
(sinä) et ollut käynyt	❒	❒	❒	❒
(me) emme juoneet	❒	❒	❒	❒
he eivät rakasta	❒	❒	❒	❒

15 Zum Gebrauch der Zeiten

Es gibt im Finnischen nur vier Zeitformen: zwei einfache – Präsens (puhun) und Imperfekt (puhuin) – sowie zwei zusammengesetzte – Perfekt (olen puhunut) und Plusquamperfekt (olin puhunut). Nachdem in den vorangehenden Kapiteln die Bildung der Formen erläutert wurde, geht es nun um die Anwendung der unterschiedlichen Tempora.

Wie im Deutschen drückt das Präsens nicht nur die Gegenwart und allgemeingültige Aussagen aus, sondern wird auch für die Zukunft verwendet. Ein eigenes Futur gibt es im Finnischen nicht:

Tänään aurinko paistaa.	*Heute scheint die Sonne.*
Kesällä aurinko paistaa.	*Im Sommer scheint die Sonne.*
Ensi kesänä vuokraan mökin Suomesta.	*Im nächsten Sommer werde ich ein Ferienhaus in Finnland mieten.*

Das Imperfekt beschreibt eine Handlung, die in der Vergangenheit stattgefunden hat und in der Gegenwart abgeschlossen ist. Es ist im Finnischen die gewöhnliche Erzählzeit für vergangene Geschehnisse und wird somit viel häufiger verwendet als im Deutschen. Häufig steht es in Verbindung mit genauen Zeitangaben (z.B. *letzte Woche, vorgestern* usw.):

Viime syksynä vuokrasimme mökin Italiasta.	*Im letzten Herbst haben wir ein Ferienhaus in Italien gemietet.*
Toissa päivänä Pekka kävi elokuvissa.	*Vorgestern ging Pekka ins Kino.*

Das Perfekt hingegen wird für Handlungen verwendet, die in der Vergangenheit begonnen haben und bis in die Gegenwart andauern. Außerdem wird es gebraucht, wenn eine Handlung bis jetzt noch nicht stattgefunden hat, dies aber noch der Fall sein kann, so z.B. bei Fragen wie »Bist du schon mal in Helsinki gewesen?«:

He ovat odottaneet junaa jo 30 minuuttia.	*Sie warten schon 30 Minuten auf den Zug. (wörtl.: Sie haben schon … gewartet.)*
Oletko (jo) lukenut lehden?	*Hast Du die Zeitung (schon) gelesen?*

In einigen Fällen, in denen im Deutschen das Präsens steht, wird im Finnischen das Perfekt verwendet. Es handelt sich dabei um Ereignisse, die in der Vergangenheit begonnen haben und in der Gegenwart noch immer gültig sind (im Deutschen in Verbindung mit »seit«). Vergleichen Sie die folgenden Sätze:

Olen asunut täällä kaksi vuotta.	*Ich wohne hier seit zwei Jahren (und ich wohne hier noch immer).*
Asuin täällä kaksi vuotta.	*Ich wohnte hier zwei Jahre (und wohne nun nicht mehr hier).*

Das Plusquamperfekt wird, wie im Deutschen, zum Ausdruck einer Vorzeitigkeit gebraucht. Es wird also verwendet, um Geschehnisse oder Handlungen zu beschreiben, die vor einer anderen Handlung in der Vergangenheit (= Imperfekt oder Perfekt) stattgefunden haben:

Me olimme olleet jo kaksi viikkoa Englannissa, kun ajoimme Lontooseen.	*Wir waren schon zwei Wochen in England (gewesen), als wir nach London fuhren.*
Hän ei ollut koskaan ennen nähnyt tätä elokuvaa, se oli ensimmäinen kerta.	*Er/Sie hatte diesen Film noch nie gesehen, es war das erste Mal.*

Übungen

1. Setzen Sie das Verb jeweils in der richtigen Vergangenheitsform ein.

1. He ________________ (asua) Suomessa jo neljä vuotta ja he ________________ (asua) siellä vielä.
2. Naapurin perhe ________________ (lentää) Espanjaan.
3. Kun ________________ (tulla, minä) kotiin, isä __________ jo ____________ (lähteä).
4. ________________ (sataa) monta päivää, ennen kuin ______________ (saapua, me) Jyväskylään.
5. ________________ (tilata, me) olutta, mutta ________________ (ei saada) sitä vielä.
6. Liisa ____________________ (mennä naimisiin), ennen kuin hänen vanhempansa ______________ (tietää) siitä.
7. Kun ______________ (tulla, minä) pysäkille, bussi __________ jo ________________ (lähteä).
8. ____________________ (ei päättää, me) mitään, ennen kuin ________________ (keskustella) siitä.

2. Behaupten Sie das Gegenteil.

1. Hän ei ole oppinut huomiseksi. ________________________
2. He eivät olleet auttaneet sinua. ________________________
3. Me olimme menneet kirjastoon. ________________________
4. Kysyin opettajalta läksyjä. ________________________
5. Eva ei ole soittanut minulle. ________________________
6. He olivat kotona. ________________________
7. Löysin avaimen kaapista. ________________________
8. Te olitte viime vuonna Virossa. ________________________
9. Maja oli koulussa tänä aamuna. ________________________
10. He eivät olleet syöneet paljon. ________________________

3. Übersetzen Sie ins Finnische.

Gestern traf ich Pekka im Kaufhaus. Er wohnt seit vielen Jahren in Hamburg. Ich hatte ihn kennengelernt, bevor ich Juha kannte. Damals war er Schriftsteller. Jetzt arbeitet er in einer Schule, aber nächstes Jahr wird er nicht mehr arbeiten. Früher hatte er keine Kinder, heute hat er vier Mädchen. Ich erzählte ihm, dass ich letzten Monat in Spanien war. Er war noch nie in Spanien, aber nächstes Jahr wird er nach Südamerika reisen.

Vokabelhilfe

damals	*silloin*
Schriftsteller	*kirjailija*
arbeiten	*työskennellä*
Südamerika	*Etelä-Amerikka*

4. Setzen Sie das Verb nach folgendem Muster ins Imperfekt bzw. Perfekt.

Beispiel: Oletko lukenut tämän lehden? →
Olen lukenut. Luin sen, … (*z.B.* kun olin lääkärillä).

1. Onko hän soittanut sinulle?
2. Oletko lähettänyt paketin?
3. Oletteko saaneet todistukset?
4. Oletko siivonnut asuntosi?
5. Oletko ostanut lääkkeet?
6. Oletteko käyneet teatterissa?
7. Oletko käynyt Norjassa?
8. Onko hän nähnyt uuden television?
9. Oletko kuunnellut radiota?
10. Oletteko olleet lomalla?

Vokabelhilfe

todistus	*Zeugnis, Urkunde*
siivota	*putzen*
lääke	*Medikament*

5. Berichten Sie von Ihrer Kindheit: Wo haben Sie gewohnt, was waren Ihre Hobbies, was haben Sie am liebsten gegessen, mit wem haben Sie gespielt, wo waren Sie im Sommerurlaub, wann haben Sie Fahrradfahren gelernt …?

Lapsena, minä …

Vokabelhilfe

Hobby	*harrastus*
am liebsten	*eniten*
spielen	*leikkiä*
Fahrrad fahren	*ajaa pyörällä*

16 Konditional

Das Zeichen für den finnischen Konditional ist die Silbe -isi-, die zwischen der Präsensform der 3. Pers. Sg und der jeweiligen Personalendung eingeschoben wird. Dabei findet in der 3. Pers. Sg keine Vokalverlängerung statt. Durch den Einschub von -isi- kommt es zu ähnlichen Lautveränderungen wie beim Imperfekt (→ Kapitel 13):

Stammauslaut	Veränderung	Beispiel
-e	entfällt	lukea, luke|e → luk|isi tulla, tule|e → tul|isi
-i		oppia, oppi|i → opp|isi
langer Vokal	wird verkürzt	hypätä, hyppää → hyppä|isi tavata, tapaa → tapa|isi
Diphthong (-ie/-uo/-yö)	der erste Bestandteil des Diphthongs fällt weg	syödä, syö → sö|isi viedä, vie → ve|isi

Im Folgenden werden drei Konjugationsbeispiele für den Konditional Präsens unterschiedlicher Verbklassen gegeben:

anta|a *(geben)* (1. Verbklasse)					
Singular			**Plural**		
1. Person	(minä)	anta|isi|n	1. Person	(me)	anta|isi|mme
2. Person	(sinä)	anta|isi|t	2. Person	(te)	anta|isi|tte
3. Person	hän / se	anta|isi	3. Person	he / ne	anta|isi|vat
syö|dä *(essen)* (2. Verbklasse)					
1. Person	(minä)	sö|isi|n	1. Person	(me)	sö|isi|mme
2. Person	(sinä)	sö|isi|t	2. Person	(te)	sö|isi|tte
3. Person	hän / se	sö|isi	3. Person	he / ne	sö|isi|vät
halu|ta *(wollen)* (4. Verbklasse)					
1. Person	(minä)	halua|isi|n	1. Person	(me)	halua|isi|mme
2. Person	(sinä)	halua|isi|t	2. Person	(te)	halua|isi|tte
3. Person	hän / se	halua|isi	3. Person	he / ne	halua|isi|vat

Unregelmäßig sind die Verben tehdä (*tun, machen*) und käydä (*gehen*):

1. Person	(minä)	tek|isi|n käv|isi|n	1. Person	(me)	tek|isi|mme käv|isi|mme
2. Person	(sinä)	tek|isi|t käv|isi|t	2. Person	(te)	tek|isi|tte käv|isi|tte
3. Person	hän / se	tek|isi käv|isi	3. Person	he / ne	tek|isi|vät käv|isi|vät

Der negierte Konditional Präsens wird gebildet, indem das Negationsverb vor die Konditionalform der 3. Pers. Sg gestellt wird:

En antaisi sinulle (minun) sanakirjaani.	*Ich würde dir mein Wörterbuch nicht geben.*
Hän ei söisi kakkua.	*Er/Sie würde den Kuchen nicht essen.*
He eivät ostaisi takkia.	*Sie würden die Jacke nicht kaufen.*

Neben dem Konditional Präsens gibt es im Finnischen auch den Konditional Perfekt, der mit dem Konditional von olla und dem Partizip Perfekt Aktiv (→ Kapitel 14) gebildet wird:

Olisin tarvinnut kääntäjää.	*Ich hätte einen Übersetzer gebraucht.*
Olisimme laittaneet tämän pöydän ruokasaliin.	*Wir hätten diesen Tisch ins Esszimmer gestellt.*

Verneint wird im Konditional Perfekt mit dem Negationsverb, dem Konditionalstamm von olla und dem Partizip Perfekt Aktiv:

En olisi antanut sinulle sanakirjaani.	*Ich hätte dir mein Wörterbuch nicht gegeben.*
He eivät olisi ostaneet tätä autoa.	*Sie hätten dieses Auto nicht gekauft.*

Das Finnische kennt keinen Konjunktiv, d.h. jeder Konjunktiv im Deutschen wird im Finnischen durch den Konditional wiedergegeben.

Übungen

1. Geben Sie den folgenden Text im Konditional Präsens wieder.

Jos minulla on rahaa, ostan ison auton. Lisäksi ostan suuren talon Malibusta. Matkustan maailman ympäri ja syön koko ajan hummeria. Jos osaan kirjoittaa hyvin, minusta tulee kirjailija ja saan Nobelin kirjallisuuspalkinnon.

2. Setzen Sie die Verben im Konditional ein.

1. Mihin ____________ (haluta, sinä) matkustaa?
2. Mitä ____________ (ostaa, te), jos teillä ____________ (olla) paljon rahaa?
3. ____________ (tietää, sinä), miten se toimii, jos ____________ (olla lukenut, sinä) käyttöohjeet.
4. Mitä ____________ (tehdä, sinä), jos sinulla ____________ (olla) aikaa?
5. Herra Virtanen ____________ (olla mennyt) lomalle, jos hän ____________ (olla voittanut) tietovisassa »Haluatko miljonääriksi?«
6. Minulle ____________ (tulla) kaksi juustohampurilaista ja pieni kokis.
7. Mitä ____________ (saada) olla?
8. ____________ (haluta, minä) kaksi lippua aikuisille, kiitos.
9. ____________ (pitää, minä) vielä tehdä tämä, mutta en jaksa.
10. ____________ (auttaa, sinä) minua?
11. ____________ (voida, te) sanoa, missä täällä on vessa?
12. ____________ (kääntää, sinä) minulle tekstin?

Vokabelhilfe

funktionieren	toimia
Gebrauchsanweisung	käyttöohjeet (pl)
Cheeseburger	juustohampurilainen
Cola	kokis

3. Übersetzen Sie ins Finnische.

1. Wenn ich reich wäre, würde ich ein Sommerhäuschen kaufen.
2. Ich würde in Urlaub fahren, wenn ich Geld hätte.
3. Wenn ich Zeit hätte, würde ich Ungarisch lernen.
4. Würdest du mich auch lieben, wenn ich nicht reich wäre?
5. Ich würde schwimmen gehen, wenn Sommer wäre.
6. Ich hätte die teuren Schuhe nicht gekauft.
7. Wenn ich jung wäre, würde ich Finnisch studieren.
8. Ich wäre mit dir ins Theater gegangen, wenn ich mich nicht mit Matti getroffen hätte.

Vokabelhilfe

Sommerhäuschen	kesämökki
in Urlaub fahren	mennä lomalle

4. Übersetzen Sie acht Sätze aus Übung 2 ins Deutsche.

17 Impersonal Präsens

Das finnische Impersonal, manchmal auch Passiv genannt, entspricht in etwa dem deutschen »man« und wird in erster Linie gebraucht, wenn die handelnde Person nicht genannt werden kann, muss oder soll. Ein persönliches Passiv wie z.B. »Ich wurde gefragt« gibt es im Finnischen nicht, da ein finnischer Passivsatz nie ein Subjekt enthält. Stattdessen muss der entsprechende Satz so umgewandelt werden, dass das Subjekt zum Objekt wird. Ein Vollobjekt im Singular steht im Impersonal stets im endungslosen Akkusativ (bei Nomen = Nominativ), andere Objekte hängen von dem entsprechenden Verb ab:

Talo rakennetaan.	*Das Haus wird gebaut.*
Täällä syödään kakkua.	*Hier isst man Kuchen.*
Minulta kysytään.	*Man fragt mich.*

Im ersten Beispielsatz ist es nicht wichtig, von wem das Haus gebaut wird. Will man dies zum Ausdruck bringen, muss man im Finnischen immer einen Aktivsatz benutzen:

Rakennamme talon.	*Wir bauen das Haus.*

Darüber hinaus wird das finnische Impersonal in der Umgangssprache auch für die 1. Person Plural Präsens sowie für den Imperativ der 1. Person Plural verwendet:

Nähdään ensi viikolla.	*Wir sehen uns nächste Woche. / Man sieht sich nächste Woche.*
Mennään keskustaan!	*Lasst uns in die Innenstadt gehen!*

Wird das Impersonal als Ersatz für die 1. Person Plural verwendet, steht ein Vollobjekt – anders als im entsprechenden Aktivsatz – im Nominativ, da hier die syntaktischen Regeln des Passivs vorrangig sind. Vergleichen Sie folgende Sätze:

Ostamme pyörän. Me ostetaan pyörä.	*Wir kaufen das Fahrrad.*

Einem Partitiv im Aktivsatz entspricht aber auch hier ein Partitiv:

Me emme osta pyörää. Me ei osteta pyörää.	*Wir kaufen kein Fahrrad.*

Bildung

Das Impersonal Präsens der Verbklassen 2–6 wird gebildet, indem der Infinitivvokal verlängert und danach ein -n ergänzt wird (= + -An):

Verbklasse	Infinitiv	Impersonal Präsens	Übersetzung
2	syödä saada	syödä|än saada|an	*man isst / wir essen / es wird gegessen* *man bekommt …*
3	tulla mennä surra nousta harjoitella olla	tulla|an mennä|än surra|an nousta|an harjoitella|an olla|an	*man kommt …* *man geht …* *man trauert …* *man steht auf …* *man übt …* *man ist …*
4	haluta palata ruveta koota	haluta|an palata|an ruveta|an koota|an	*man will …* *man kehrt zurück …* *man beginnt …* *man sammelt …*
5	tarvita	tarvita|an	*man braucht …*
6	vanheta	vanheta|an	*man wird älter …*

Baarissa juodaan olutta. *In der Bar wird Bier getrunken / trinkt man …*
Avain pannaan lipastolle. *Der Schlüssel wird auf die Kommode gelegt.*
Sinut valitaan puhemieheksi. *Du wirst zum Vorsitzenden gewählt.*

Bei Verben der ersten Verbklasse wird der Infinitivvokal durch -tAAn ersetzt, -A- im Stammauslaut wird zu -e-. Das Impersonal steht dabei immer in der schwachen Stufe:

1	sano|a	sano|taan	*man sagt …*
A → e	anta|a otta|a	anne|taan ote|taan	*man gibt …* *man nimmt …*

Italiassa puhutaan italiaa. *In Italien spricht man Italienisch.*
Suomessa tanssitaan usein tangoa. *In Finnland tanzt man oft Tango.*
Me ostetaan uusi laukku. *Wir kaufen eine neue Tasche.*

Verneinung

Verneint wird das Impersonal Präsens, indem das Negationsverb der 3. Person Singular (ei) vor den Impersonalstamm gesetzt wird. Diesen erhält man, indem man von der Impersonalform eines Verbs -An abstreicht. In den Klassen 2–6 entspricht der Impersonalstamm somit dem Infinitiv.

Verbklasse	Impersonal Präsens	Verneinung
1	sano|taan ote|taan anne|taan	ei sanota ei oteta ei anneta
2	syödä|än saada|an	ei syödä ei saada
3	tulla|an mennä|än surra|an nousta|an harjoitella|an olla|an	ei tulla ei mennä ei surra ei nousta ei harjoitella ei olla
4	haluta|an palata|an ruveta|an koota|an	ei haluta ei palata ei ruveta ei koota
5	tarvita|an	ei tarvita
6	vanheta|an	ei vanheta

Baarissa ei juoda maitoa. — *In der Bar wird keine Milch getrunken.*
Me ei osteta reppua. — *Wir kaufen keinen Rucksack.*
Eikö täällä tarvita karttaa? — *Braucht man hier keine Landkarte?*

Das Impersonal Präsens ist die Ausgangsform für alle anderen Impersonalformen.

Übungen

1. Wandeln Sie die folgenden Aussagen in der 1. Person Plural in Sätze mit dem Impersonal um.

1. Menemme Espooseen. ____________________
2. Kysymme ensin heiltä. ____________________
3. Vietämme joululoman Rovaniemellä. ____________________
4. Kirjoitamme postikortit. ____________________
5. Lähdemme Petterin kanssa elokuviin. ____________________
6. Avaamme ikkunan. ____________________
7. Tapaamme huomenna kello kuusi. ____________________
8. Opimme suomea. ____________________
9. Laulamme lauluja. ____________________
10. Teemme matkan. ____________________

2. Setzen Sie die Verben ins Impersonal Präsens.

1. Milloin _______________ (tavata)? _______________ (sanoa) kello 20?
2. Nykyään ei _______________ (pelata) niin paljon kuin ennen.
3. _______________ (laulaa) vielä se laulu!
4. Tätä komeroa ei _______________ (myydä).
5. Suomessa _______________ (juoda) paljon kahvia.
6. Käsiä ei _______________ (pestä).
7. _______________ (pestä) kädet!
8. Kauppa _______________ (sulkea) toistaiseksi.
9. _______________ (sanoa), että tekniikka helpottaa elämää.
10. Rakkaani, _______________ (vanheta) yhdessä!
11. Ensin _______________ (ottaa) puoli kiloa voita.
12. Sitten taikina _______________ (sekoittaa) hyvin.
13. Ruotsissa _______________ (puhua) ruotsia, suomea ja saamea.
14. Miten »Bordeaux« _______________ (kirjoittaa)?
15. Tätä lehteä ei _______________ (lukea) paljon.
16. _______________ (maksaa) nyt?

Vokabelhilfe

nykyään	*heutzutage*	helpottaa	*erleichtern*
komero	*Einbauschrank*	rakkaani	*(mein) Liebling, Schatz*
sulkea	*schließen*	sekoittaa	*(ver)mischen*
toistaiseksi	*bis auf Weiteres*	taikina	*Teig*

3. Übersetzen Sie ins Finnische.

1. Lasst uns nach Hause gehen!
2. Spricht man hier Deutsch?
3. Man darf hier nicht rauchen.
4. Das Auto wird gewaschen.
5. Dort wird der Motor überprüft.

Vokabelhilfe

rauchen	polttaa
Motor	moottori
überprüfen	tarkistaa

4. Beantworten Sie folgende Fragen.

1. Puhutaanko Sveitsissä italiaa?
2. Mitä kieliä Suomessa puhutaan?
3. Juodaanko Suomessa paljon alkoholia?
4. Ymmärretäänkö Saksassa hollantia?
5. Syödäänkö Italiassa paljon leipää?
6. Mitä kynällä tehdään?

18 Impersonal Imperfekt und Perfekt

Das Impersonal Imperfekt wird gebildet, indem die Endung -tAAn des Impersonal Präsens in der 1. sowie 4.–6. Verbklasse durch -ttiin und die Endungen -dAAn (2. Verbklasse) und -KAAn (3. Verbklasse) durch -tiin ersetzt werden.

Verbklasse	Impersonal Präsens	Impersonal Imperfekt
1	sano|taan ote|taan anne|taan	sano|ttiin ote|ttiin anne|ttiin
2	syö|dään saa|daan	syö|tiin saa|tiin
3	tul|laan men|nään sur|raan nous|taan harjoitel|laan ol|laan	tul|tiin men|tiin sur|tiin nous|tiin harjoitel|tiin ol|tiin
4	halu|taan pala|taan ruve|taan koo|taan	halu|ttiin pala|ttiin ruve|ttiin koo|ttiin
5	tarvi|taan	tarvi|ttiin
6	vanhe|taan	vanhe|ttiin

Rakennus rakennettiin 50-luvulla. *Das Gebäude wurde in den 50er-Jahren gebaut.*
Auto myytiin jo. *Das Auto wurde bereits verkauft.*
Me tultiin Tampereelle illalla. *Wir kamen am Abend nach Tampere.*

Das Impersonal Perfekt wird mit der 3. Person Präsens von *olla* (on) und dem Partizip Perfekt Passiv gebildet. Das Partizip Perfekt Passiv erhält man, indem man die Endungen des Impersonal Imperfekt (-ttiin und -tiin) durch -ttU und -tU ersetzt. Für die Bildung des Impersonal Plusquamperfekt wird *on* durch oli ersetzt.

Verbklasse	Impersonal Imperfekt	Impersonal Perfekt
1	sano|ttiin ote|ttiin anne|ttiin	on sano|ttu on ote|ttu on anne|ttu
2	syö|tiin saa|tiin	on syö|ty on saa|tu

3	tul|tiin men|tiin sur|tiin nous|tiin harjoitel|tiin ol|tiin	on tul|tu on men|ty on sur|tu on nous|tu on harjoitel|tu on ol|tu
4	halu|ttiin pala|ttiin ruve|ttiin koo|ttiin	on halu|ttu on pala|ttu on ruve|ttu on koo|ttu
5	tarvi|ttiin	on tarvi|ttu
6	vanhe|ttiin	on vanhe|ttu

Onko kaikki tavarat pakattu? *Sind alle Sachen (ein)gepackt?*
Hissi ei ole vielä kojarttu. *Der Lift ist noch nicht repariert.*

Verneinung

Das Impersonal Imperfekt wird verneint, indem man das Negationsverb der 3. Person Singular (ei), im Impersonal Perfekt ei ole und im Impersonal Plusquamperfekt ei ollut vor das Partizip Perfekt Passiv stellt. Das Objekt steht im Partitiv.

Imperfekt:	Taloa ei ostettu.	*Man kaufte das Haus nicht*
Perfekt:	Taloa ei ole ostettu.	*Man hat das Haus nicht gekauft.*
Plusquamperfekt:	Taloa ei ollut ostettu.	*Man hatte das Haus nicht gekauft.*

Übungen

1. Wandeln Sie die folgenden Sätze ins Impersonal um.

Beispiel: Eilen ostimme uuden asunnon. → Eilen ostettiin uusi asunto.

1. Täällä teimme paljon työtä.
2. Viime marraskuussa matkustimme Riikaan.
3. Emme ostaneet maitoa.
4. Maksoimme laskun.
5. Olemme pesseet auton.
6. Odotimme joulupukkia.
7. Emme ole löytäneet avainta.
8. Iltaisin kävimme ravintolassa ystävien kanssa.
9. Viime syksynä vuokrasimme mökin Suomesta.
10. Aamulla saavuimme Helsinkiin.

2. Setzen Sie die Sätze ins Impersonal Imperfekt.

1. Milloin Amerikka _______________ (löydä)?
2. Kenelle _______________ (antaa) Oscar-palkinto viime vuonna?
3. Terroriteosta _______________ (kertoa) televisiossa.
4. Mitä ennen _______________ (tehdä), kun ei ollut internettiä?
5. Museo _______________ (remontoida) vuonna 2013.
6. Sinuahan _______________ (kieltää) menemästä sinne!
7. _______________ (laulaa) laulun.
8. Rakennukset ___________ (rakentaa) uudelleen.
9. Me _______________ (olla) maalla viime viikonloppuna.
10. Rakennustyöt _______________ (aloittaa) vasta seuraavana vuonna.

3. In welcher Zeit steht hier jeweils das Impersonal? Kreuzen Sie an.

	Präsens	Imperfekt	Perfekt	Plusquamperfekt
on myyty	☐	☐	☐	☐
pelättiin	☐	☐	☐	☐
rakastetaan	☐	☐	☐	☐
ei ole saatu	☐	☐	☐	☐
oli tultu	☐	☐	☐	☐
ei ostettu	☐	☐	☐	☐
ei ollut noustu	☐	☐	☐	☐
ei odotettu	☐	☐	☐	☐
ei puhuta	☐	☐	☐	☐
oli luettu	☐	☐	☐	☐
ei ollut opiskeltu	☐	☐	☐	☐
ajatellaan	☐	☐	☐	☐
on nukuttu	☐	☐	☐	☐
syötiin	☐	☐	☐	☐
ei ole matkustettu	☐	☐	☐	☐
ei voida	☐	☐	☐	☐

4. Wie lauten die Verben aus Übung 2 im Impersonal Perfekt?

19 Infinitiv I und II

Im Gegensatz zum Deutschen kennt das Finnische insgesamt vier Infinitive, wobei der erste Infinitiv die Grundform des Verbs ist (z.B. *sanoa, tulla*). Darüber hinaus werden weitere substantivisch gebrauchte infinite Verbformen im Finnischen als Infinitive bezeichnet. Diese weisen spezifische Endungen auf und können teilweise mit Kasus- und Possessivsuffixen versehen werden. Drei der vier finnischen Infinitive werden in diesem Buch vorgestellt.

Infinitiv I

Der Infinitiv I hat zwei verschiedene Formen. Diese werden als kurzer Infinitiv I (Grundform) und als langer Infinitiv I (-kse-Form) bezeichnet:

kurzer Infinitiv I:	oppia
langer Infinitiv I:	oppia|kse-

Beim langen Infinitiv I handelt es sich um die Erweiterung des kurzen Infinitiv I durch die Translativendung -kse- und ein Possessivsuffix (→ Kapitel 26), das dem jeweiligen Subjekt des Satzes entspricht:

luulla|kse|ni	*soweit ich glaube*
oppia|kse|en	*um zu lernen (3. Pers. Sg)*

Der lange Infinitiv I drückt zum einen die Absicht oder den Zweck einer Handlung aus (sog. Finalkonstruktion) und wird in diesem Fall mit *um zu, damit* übersetzt. Vergleichen Sie die folgenden Beispiele:

Tulin kirjakauppaan ja ostin kirjat.	*Ich kam in die Buchhandlung und kaufte die Bücher.*
Tulin kirjakauppaan ostaakseni kirjat.	*Ich kam in die Buchhandlung, um die Bücher zu kaufen / damit ich die Bücher kaufte.*
Hän nousi ja lähti.	*Er/Sie stand auf und ging.*
Hän nousi lähteäkseen.	*Er/Sie stand auf, um zu gehen.*

Zum anderen wird mit dem langen Infinitiv I eine Unsicherheit ausgedrückt und eine Wahrnehmung eingegrenzt. Im Deutschen wäre dies mit *soweit* zu übersetzen:

Muistaakseni hänellä oli auto.	*Soweit ich mich erinnere, hatte er/sie ein Auto.*
Tietääksemme hän ei osaa puhua saksaa.	*Soweit wir wissen, kann er/sie kein Deutsch sprechen. / Unseres Wissens …*
Minun ymmärtääkseni hän tulee vielä.	*Soweit ich es verstehe, kommt er/sie noch.*
niin sanoakseni	*sozusagen*

Infinitiv II

Infinitiv II Aktiv

Um den Infinitiv II Aktiv zu bilden, wird das finale -A des ersten Infinitivs durch ein -e ersetzt und die Inessivendung -ssA ergänzt. Endet der erste Infinitiv eines Verbs auf -eA, wird das Stamm-e durch ein -i- ersetzt:

asua	→	asu|e|ssa	lukea	→	luki|e|ssa
saada	→	saad|e|ssa	lähteä	→	lähti|e|ssä
myydä	→	myyd|e|ssä			
mennä	→	menn|e|ssä			
haluta	→	halut|e|ssa			

In Verbindung mit der Inessivendung -ssA ersetzt der Infinitiv II Aktiv ganze Temporalsätze, die eine gleichzeitige Handlung ausdrücken. Das Subjekt des ersetzten Temporalsatzes wird dabei durch das Possessivsuffix wiedergegeben, wenn es mit dem des Hauptsatzes identisch ist. Ist dies nicht der Fall, wird es durch einen vorangestellten Genitiv zum Ausdruck gebracht. Der Infinitiv II mit temporaler Funktion kann durch einen Nebensatz mit kun *als* ersetzt werden.

Minun tullessani Suomeen satoi lunta. (= Kun tulin Suomeen, …)	*Als ich nach Finnland kam, schneite es.*
Mitä teit, ollessasi kotona? (= …, kun olit kotona.)	*Was hast du gemacht, als du zu Hause warst?*
Matin syödessä aamupalaa Eva luki lehden. (= Kun Matti söi aamupalaa, …)	*Als / Während Matti frühstückte, las Eva die Zeitung.*

Beachten Sie, dass diese Temporalkonstruktion mit dem Infinitiv II nur bei Gleichzeitigkeit der Handlungen möglich ist. Wenn die Handlung des *kun*-Satzes nicht gleichzeitig mit der des Hauptsatzes stattfindet, wird das Partizip Perfekt Passiv (→ Kapitel 23) im Partitiv verwendet. Wird im temporalen *kun*-Satz ein Impersonal verwendet und so ein unpersönlicher Agens zum Ausdruck gebracht, wird die im Folgenden erläuterte impersonale Form des Infinitiv II verwendet.

Infinitiv II Impersonal

Zur Bildung des Infinitiv II Impersonal wird an den schwachen Konsonantenstamm (= kurzer Infinitiv I in schwacher Stufe ohne Infinitivendung) bei den Verbklassen 1, 4–6 -ttA- und bei allen anderen Verbklassen -tA- vor der Endung -essA- eingefügt.

Verbklasse	schwacher Stamm	Infinitiv II Impersonal	Übersetzung
1	sano|a kerto|a	sano|tta|essa kerro|tta|essa	*als man sagte, als gesagt wurde* *als man erzählte*
2	myy|dä	myy|tä|essä	*als man verkaufte*

3	tul|la ol|la men|nä sur|ra	tul|ta|essa ol|ta|essa men|tä|essä sur|ta|essa	*als man kam* *als man war* *als man ging* *als man trauerte*
4	halu|ta tava|ta	halu|tta|essa tava|tta|essa	*als man wollte* *als man traf …*
5	tarvi|ta	tarvi|tta|essa	*als man brauchte*
6	vanhe|ta	vanhe|tta|essa	*als man älter wurde*

Uutisia kuunneltaessa piti olla hiljaa. *Als die Nachrichten gehört wurden, musste man ruhig sein.*

Infinitiv II im Instruktiv

Gebildet wird diese Form des zweiten Infinitivs, indem das finale -A des ersten Infinitivs durch ein -e ersetzt und die Instruktivendung -n ergänzt wird. Endet der erste Infinitiv auf -eA, wird auch hier das Stamm-e durch ein -i- ersetzt:

asua → asu|e|n
saada → saad|e|n
myydä → myyd|e|n
mennä → menn|e|n
haluta → halut|e|n

lukea → luki|e|n
lähteä → lähti|e|n

Der Instruktiv ist ein marginaler Kasus, der nur mehr in festen Redewendungen und beim Infinitiv II zu Tage tritt. In Verbindung mit dem Infinitiv II fungiert er als Gerundium (im Deutschen z.B. *gehend, weinend*) in adverbialer Funktion und drückt aus, in welcher Art und Weise eine Handlung geschieht:

Tiina kertoi nauraen uudesta ystävästänsä. *Tiina erzählte lachend von ihrem neuen Freund.*

In adjektivischer Funktion wird das Partizip Präsens Aktiv (PPA; → Kapitel 23) verwendet. Vergleichen Sie die folgenden Sätze:

Infinitiv II Instruktiv	itkien	*weinend (Adverb)*	Lapsi lähti itkien pois. *Das Kind ging weinend weg.*
PPA	itkevä	*weinend (Adjektiv)*	Itkevä lapsi lähti pois. *Das weinende Kind ging weg.*

Der Infinitiv II im Instruktiv wird mittlerweile nur noch selten gebraucht:

Suoraan sanoen en pitänyt siitä. *Offen gesagt, ich mochte es nicht.*

Übungen

1. Vervollständigen Sie die Tabelle.

kurzer Infinitiv I	langer Infinitiv I	Infinitiv II Aktiv	Infinitiv II Impersonal
		lukiessa	
tuoda			
	verratakse(ni)		
		purressa	
			nähtäessä
			oltaessa
	tietääkse(ni)		
hypätä			

2. Bilden Sie aus den vorgegebenen Teilen Sätze, die eine Absicht ausdrücken. Achten Sie dabei auf das richtige Possessivsuffix.

Beispiel: Me kävimme *kirjakaupassa* ostaaksemme *uuden kirjan.*

Hän Minä Me Sinä He	kävit kävivät kävi kävimme kävin	posti ruokakauppa urheiluliike putiikki kioski leipomo apteekki optikko	ostaakseni ostaaksemme ostaaksesi ostaakseen ostaakseen	jalkapallo tupakka silmälasit postimerkki tabletti leipä puku hedelmät

3. Setzen Sie die eingeklammerten Verben im erforderlichen Infinitiv ein.

1. Kävimme kaupassa ______________ (ostaa) lihaa.
2. Voisitko ______________ (auttaa) minua.
3. Haluan ______________ (tulla).
4. Osaatko ______________ (ajaa) autoa?
5. Lakkasiko jo ______________ (sataa)?

4. Wiederholen Sie die Bildung aller Infinitivformen, die in diesem Kapitel vorgestellt wurden, und vervollständigen Sie die schematische Darstellung für die Verben *tuntea, uida* und *nousta*. Als Beispiel ist *puhua* vorgegeben.

		Endungen					
Infinitiv	**Stamm (ggfs. schwach)**	**Infinitiv I**	**-(t)tA-**	**Trans-lativ**	**Infinitiv II**	**Inessiv**	**Instruktiv**
I – kurz	puhu ______ ______ ______	a					
I – lang	puhu ______ ______ ______	a		kse			
II – Aktiv	puhu ______ ______ ______				e	ssa	
II – Im-personal	puhu ______ ______ ______		tta		e	ssa	
II im Instruktiv	puhu ______ ______ ______				e		n

5. Ersetzen Sie den zweiten Satz jeweils durch einen Infinitiv II im Instruktiv und übersetzen Sie anschließend ins Finnische.

Beispiel: Die Frau fuhr in die Stadt. Sie sang. → Die Frau fuhr singend in die Stadt. → *Nainen ajoi laulaen keskustaan.*

1. Das Kind sah einen Film. Es lachte.
2. Wir sprachen über die Schule. Wir fluchten.
3. Der Mann antwortete. Er weinte.
4. Die Frauen warteten an der Haltestelle. Sie hörten Musik.

Vokabelhilfe

fluchen kiroilla

20 Infinitiv III (*ma*-Infinitiv)

Infinitiv III

Wenn in einem Satz mit zwei Verben, die parallele Handlungen einer Person beschreiben, eines der Verben eine räumliche Komponente (*wo, woher, wohin*) enthält, steht das andere Verb in dem entsprechenden inneren Lokalkasus (→ Kapitel 5). Die Kasusendungen können jedoch nicht einfach an den Infinitiv I angehängt werden, sondern erfordern eine bestimmte Infinitivform auf *-ma*, den sog. *ma*-Infinitiv.

So wird in dem Satz »Ich gehe schwimmen« beispielsweise zum Ausdruck gebracht, wohin man geht, weshalb das finnische Verb für »schwimmen« (*uida*) hier in der *ma*-Form mit dem Kasussuffix des Illativs stehen muss: *Menen uimaan*. Ebenso verhält es sich in den Sätzen »Ich bin beim Schwimmen« *Olen uimassa* (olla + Inessiv, wörtl.: »Ich bin im Schwimmen«) und »Ich komme vom Schwimmen« *Tulen uimasta* (tulla + Elativ, wörtl.: »Ich komme aus dem Schwimmen«).

Der *ma*-Infinitiv kann theoretisch mit allen Kasusendungen stehen, allerdings werden meist die inneren Lokalkasus sowie gelegentlich der Adessiv und Abessiv gebraucht:

Inessiv	-mAssA
Elativ	-mAstA
Illativ	-mAAn
Adessiv	-mAllA
Abessiv	-mAttA

Bildung

Den *ma*-Infinitiv erhält man, indem man die Endung der 3. Person Plural (-vAt) durch -mA- ersetzt:

Verbklasse	Infinitiv I (kurz)	3. Person Plural	*ma*-Infinitiv
1	sanoa lukea	sano|vat luke|vat	sano|ma luke|ma
2	uida syödä	ui|vat syö|vät	ui|ma syö|mä
3	harjoitella kävellä	harjoittele|vat kävele|vät	harjoittele|ma kävele|mä
4	tavata koota	tapaa|vat kokoa|vat	tapaa|ma kokoa|ma
5	valita	valitse|vat	valitse|ma
6	vanheta	vanhene|vat	vanhene|ma

Infinitiv III im Inessiv

Die Inessivform steht nach Verben, die angeben, »wo« man ist, also meist mit dem Verb olla. Das Verb käydä verlangt ebenfalls den Inessiv, da hier im Gegensatz zu *mennä* die Bewegung zu etwas hin aber auch wieder von etwas zurück sowie eine Regelmäßigkeit ausgedrückt wird. Mit dem Infinitiv III wird dann eine konkrete Handlung beschrieben, die stattfindet, während man an dem angegebenen Ort ist:

Me olimme kotona leikkimässä.	*Wir waren zu Hause beim Spielen.*
Nuoret ovat baarissa juomassa olutta.	*Die jungen Leute sind in der Bar und trinken Bier.*
Opettaja käy koulussa opettamassa suomea.	*Die Lehrerin geht in die Schule und unterrichtet Finnisch.*

Im Deutschen können diese Infinitivformen entweder mit »*beim* + substantiviertem Verb« (*beim Spielen*) oder mit einem Nebensatz mit *und* wiedergegeben werden (*und spielten*).

Infinitiv III im Elativ

Die Elativform steht nach Verben, die eine Bewegung von etwas weg (»woher«) beschreiben, sowie u.a. nach den Verben estää (*verhindern*), kieltää (*verbieten*), kieltäytyä (*sich weigern*), lakata (*aufhören*), varoa (*sich hüten, sich vorsehen*) und varoittaa (*warnen*):

Tulimme juuri kotiin luistelemasta.	*Wir kamen gerade vom Schlittschuhlaufen nach Hause.*
Kielsin häntä puhumasta.	*Ich verbot ihm zu sprechen.*
Hän kieltäytyi antamasta matkalaukkua tullivirkailijalle.	*Er/Sie weigerte sich, dem Zollbeamten den Koffer zu geben.*

Infinitiv III im Illativ

Die Illativform steht nach Verben, die eine Bewegung in eine Richtung (»wohin«) beschreiben, sowie u.a. nach den Verben joutua (*geraten; müssen*), jäädä (*bleiben*), kutsua (*rufen; einladen*), kyetä (*in der Lage sein*), käskeä (*befehlen*), laskea (*lassen*), lähettää (*schicken*), neuvoa (*raten, einen Rat geben*), opettaa (*lehren, beibringen*), oppia (*lernen*), panna (*setzen, stellen, legen*), pystyä (*können, schaffen*), pyytää (*bitten*), päästää (*lassen, loslassen*), ruveta (*beginnen, anfangen*), sattua (*geraten, geschehen, zufällig tun*), suostua (*einwilligen*), tulla (*kommen; werden [= Futur]*) und vaatia (*fordern*):

Mennään nukkumaan!	*Lasst uns schlafen gehen!*
Opettaja käski oppilaita lukemaan.	*Der Lehrer befahl den Schülern zu lesen.*
Rupesimme tanssimaan.	*Wir fingen an zu tanzen.*

Infinitiv III im Adessiv

Die Adessivform wird in instrumentaler Funktion gebraucht und bringt zum Ausdruck, wie etwas geschieht:

Laihduin viisi kiloa urheilemalla.	*Ich nahm fünf Kilo ab, indem ich Sport trieb.*
Opitte suomea harjoittelemalla ja puhumalla.	*Sie lernen Finnisch durch Üben und Sprechen.*

Infinitiv III im Abessiv

Die Abessivform wird gebraucht, wenn man ausdrücken möchte, dass eine Handlung ohne eine andere stattfindet:

Kuulimme, mitä he sanoivat, näkemättä heitä.	*Wir hörten, was sie sagten, ohne sie zu sehen.*
Työ jää tekemättä.	*Die Arbeit bleibt ungetan.*

Übungen

1. Wer ist wo? Und was macht er/sie da? Verbinden Sie die passenden Satzteile miteinander und verwenden Sie dabei den Infinitiv III im Inessiv.

Beispiel: Opettaja on koulussa kuulustelemassa englannin sanoja.

Sihteeri	sairaala	sanella maksumuistutus.
Pankinjohtaja	leipomo	kirjoittaa kirje.
Kokki	tehdas	laittaa ruokaa.
Insinööri	toimisto	tarjoilla jälkiruoka.
Lääkäri	ravintola	keksiä uusi kone.
Tarjoilija	keittiö	leipoa piirakoita.
Leipuri	pankki	tutkia potilas.

1. Sihteeri on ______ ______ ______.
2. Pankkijohtaja on ______ ______ ______.
3. Kokki on ______ ______ ______.
4. Insinööri on ______ ______ ______ ______.
5. Lääkäri on ______ ______ ______.
6. Tarjoilija on ______ ______ ______.
7. Leipuri on ______ ______ ______.

2. Setzen Sie den richtigen *ma*-Infinitiv ein.

1. Mennään ______________ (juoda) kahvia!
2. Hän tuli ______________ (uida) kotiin.
3. Tule ______________ (katsoa), mitä täällä on!
4. Opin suomea ______________ (puhua).
5. Vanhemmat istuivat kotona ______________ (odottaa) lapsia.
6. Menen nyt ______________ (nukkua). Hyvää yötä!
7. Lasku on vielä ______________ (maksaa).
8. Janne istuu olohuoneessa ______________ (katsoa) televisiota.
9. Lakkasi ______________ (sataa) lunta.
10. Soitit, kun olimme ravintolassa ______________ (syödä).

3. Was für ein Kommen und Gehen! Übersetzen Sie die Sätze ins Finnische und wandeln Sie sie anschließend dem Beispiel entsprechend um.

Beispiel: *Die Eltern kamen vom Essen.* → Vanhemmat tulivat syömästä. →
Vanhemmat menivät syömään.

1. Kalle kam vom Ski laufen.
2. Meine Mutter kam vom Kaffeetrinken.
3. Du kamst vom Schwimmen.
4. Wir kamen vom Joggen.
5. Der Junge kam vom Fahrrad fahren.
6. Ich kam vom Fischen.
7. Sie kam vom Schlafen.

Vokabelhilfe

Ski laufen	hiihtää
joggen	lenkkeillä
Fahrrad fahren	pyöräillä
fischen	kalastaa

21 Verbalnomen

Verbalnomen sind substantivierte Verben (vgl. deutsch *lesen → das Lesen*), die in allen Kasus gebraucht werden können. Im Finnischen bildet man das Verbalnomen, indem man die Endung der 3. Person Plural (-vAt) durch -minen ersetzt:

Verbklasse	Infinitv I	3. Person Plural	Verbalnomen
1	sanoa lukea	sano|vat luke|vat	sano|minen luke|minen
2	uida syöda	ui|vat syö|vät	ui|minen syö|minen
3	harjoitella kävellä	harjoittele|vat kävele|vät	harjoittele|minen kävele|minen
4	tavata koota	tapaa|vat kokoa|vat	tapaa|minen kokoa|minen
5	valita	valitse|vat	valitse|minen
6	vanheta	vanhene|vat	vanhene|minen

Beachten Sie, dass ein prädikativ gebrauchtes Adjektiv, das ein Verbalnomen näher beschreibt (z.B. Singen ist gut), stets im Partitiv stehen muss:

Erehtyminen on inhimillistä. *Irren ist menschlich.*
Matkustaminen on mukavaa. *Reisen ist schön.*
Uiminen on terveellistä. *Schwimmen ist gesund.*
Juhliminen on hauskaa. *Feiern ist lustig.*

Weitere zum Verbalnomen gehörende Satzteile stehen vor diesem. Dabei wird immer der Genitiv gebraucht, wenn die nähere Bestimmung einem Objekt entspricht, unabhängig davon, ob es sich um ein Voll- oder Teilobjekt (→ Kapitel 4) handelt:

Avaimen kadottaminen on harmillista. *Das Verlieren des Schlüssels ist ärgerlich.*
Sanojen kertaaminen on tärkeää. *Das Wiederholen der Vokabeln ist wichtig.*
Kesällä hikoileminen on normaalia. *Das Schwitzen im Sommer ist normal.*
Suomeen matkustaminen on kivaa. *Nach Finnland zu reisen ist toll.*

Das Verbalnomen flektiert wie Nomen auf -nen:

Nominativ	lukeminen
Genitiv	lukemisen
Akkusativ	lukemisen
Partitiv	lukemista
Inessiv	lukemisessa
Elativ	lukemisesta
Illativ	lukemiseen

Adessiv	lukemisella
Ablativ	lukemiselta
Allativ	lukemiselle
Essiv	lukemisena
Translativ	lukemiseksi
Abessiv	lukemisetta

Wenn ein Verb einen bestimmten Kasus verlangt, muss auch ein Verbalnomen in der Objektfunktion in dem entsprechenden Kasus stehen:

Pekka tykkää uimisesta. [tykätä + Ela.] *Pekka mag das Schwimmen.*
Hän rakastaa tanssimista. [rakastaa + Part.] *Er/Sie liebt das Tanzen.*

Übungen

1. Bilden Sie das Verbalnomen von folgenden Verben und übersetzen Sie es anschließend ins Deutsche.

1. puhua ____________ ____________
2. valita ____________ ____________
3. pysäköidä ____________ ____________
4. syöttää ____________ ____________
5. lukea ____________ ____________
6. vanheta ____________ ____________
7. heittää ____________ ____________
8. ostaa ____________ ____________
9. juoda ____________ ____________
10. matkustaa ____________ ____________
11. pitää ____________ ____________
12. laittaa ____________ ____________
13. erehtyä ____________ ____________
14. luistella ____________ ____________
15. marjastaa ____________ ____________
16. syödä ____________ ____________
17. kävellä ____________ ____________
18. uida ____________ ____________

2. Formen Sie die Sätze nach dem Muster um.

Beispiel: On terveellistä kävellä metsässä. → Metsässä käveleminen on terveellistä.

1. On opettavaista matkustaa.
2. On rasittavaa opiskella.
3. On mielenkiintoista lukea.
4. On ärsyttävää siivota asunto.
5. On rasittavaa työskennellä.

Vokabelhilfe

opettavainen	*lehrreich*
rasittava	*anstrengend*
ärsyttävä	*ärgerlich, nervig*
työskennellä	*arbeiten, Arbeit verrichten*

3. Bilden Sie vollständige Sätze mit dem Verbalnomen.

Beispiel: hauska | soittaa | äiti → Äidille soittaminen on hauskaa.

hauska

1. kirjoittaa | kirje
2. nauttia | kesä
3. tavata | ystäviä

tärkeä

4. tehdä | läksyjä
5. nousta ajoissa | aamulla
6. käydä | koulu

4. Formen Sie die Sätze nach dem Muster um.

Beispiel: Hän pitää uimisesta. ⇄ Hänestä uiminen on hauskaa.

1. En pidä aikaisin nousemisesta.

 ____

2. Pidämme nukkumisesta.

 ____

3. Meistä odottaminen ei ole hauskaa.

 ____

4. Hän pitää polkupyörällä ajamisesta.

 ____

5. Sinusta junalla matkustaminen ei ole hauskaa.

 ____

22 Unpersönliche Verben und die *habeo*-Konstruktion

Unpersönliche Verben

Es gibt im Finnischen einige Verben, die ausschließlich in der 3. Person Singular verwendet werden. Das Subjekt steht dabei immer vor dem Verb und stets im Genitiv oder Partitiv. Solche unpersönlichen Verben sind zum Beispiel die Verben des Müssens (täytyä, pitää) sowie bestimmte Verben, die Empfindungen und Gefühle ausdrücken (z.B. väsyttää, nälättää, janottaa).

Verben des Müssens

In Verbindung mit den Verben täytyä (*müssen*) und pitää (*müssen, sollen*) steht das Subjekt immer im Genitiv:

Singular	1. Person	minun	täytyy / pitää	*ich muss / soll*
	2. Person	sinun		*du musst / sollst*
	3. Person	hänen		*er/sie muss / soll*
Plural	1. Person	meidän		*wir müssen / sollen*
	2. Person	teidän		*ihr müsst / sollt*
	3. Person	heidän		*sie müssen / sollen*

Das zweite Verb steht im Infinitiv I. Die Besonderheit der Verben *täytyä* und *pitää* ist außerdem, dass ein eventuell folgendes Vollobjekt im endungslosen Akkusativ (= Nominativ) statt im Genitiv steht. Ein Teilobjekt steht auch hier im Partitiv, ebenso folgen ggfs. andere Kasus wie Inessiv, Illativ etc.:

Minun pitää kirjoittaa kirje. — *Ich muss einen Brief schreiben.*
Meidän täytyy löytää avain. — *Wir müssen den Schlüssel finden.*
Hänen täytyy ostaa juustoa. — *Er/Sie muss Käse kaufen.*
Pitääkö sinun mennä kouluun? — *Sollst du zur Schule gehen?*
Heidän täytyy jäädä vielä kotiin. — *Sie müssen noch zu Hause bleiben.*

Bei der Verneinung werden folgende Formen gebraucht:

	Präsens	**Imperfekt**
täytyä / pitää	ei täydy / ei pidä	ei täytynyt / ei pitänyt
tarvita	ei tarvitse	ei tarvinnut

Martan ei täydy tulla. — *Martta muss nicht kommen.*
Pekan ei tarvinnut vielä lähteä. — *Pekka musste noch nicht gehen.*

Verben des Müssens können auch ohne Subjekt stehen und werden dann mit »man« übersetzt:

Sumussa pitää ajaa varovasti.	*Bei Nebel muss man vorsichtig fahren.*

Gefühlsverben

Es gibt im Finnischen auch viele unpersönliche Verben, die Empfindungen oder Gefühle ausdrücken. Hier steht das Subjekt vor dem Verb und im Partitiv:

Minua väsyttää.	*Ich bin müde (wörtl.: Mich ermüdet).*
Kaisaa ihmetyttää, että koira ei hauku.	*Kaisa ist erstaunt, dass der Hund nicht bellt.*
Heitä nälättää / janottaa. (*auch:* Heillä on nälkä / jano.)	*Sie haben Hunger / Durst.*
Meitä harmittaa, että hän ei ole vielä kirjoittanut meille kirjettä.	*Es ärgert uns, dass er/sie uns noch keinen Brief geschrieben hat.*

Häufig können diese unpersönlichen Gefühlsverben auch mit einer *es*-Konstruktion ins Deutsche übersetzt werden. Beachten Sie dabei, dass das *es* im Finnischen keine Entsprechung hat:

Kaisaa ihmetyttää, että koira ei hauku.	*Es erstaunt Kaisa, dass der Hund nicht bellt.*

Die *habeo*-Konstruktion

Das Finnische kennt kein Wort für *haben*, stattdessen wird Besitz mit der sog. *habeo*-Konstruktion umschrieben, bei welcher der Besitz *auf* oder *bei* jemandem ist. Als Verbform wird stets die 3. Pers. Sg von olla gebraucht, unabhängig davon, ob der Besitzer in der Ein- oder Mehrzahl steht. Der Besitzer (*auf* dem etwas ist) steht im Adessiv (-llA), die in diesem Zusammenhang besonders häufig vorkommenden Adessiv-Formen der Personalpronomen finden Sie in Kapitel 25. Das Wort, das den Besitz bezeichnet, steht im Nominativ, sofern es sich um Besitztum in der Einzahl handelt – hier darf man im Gegensatz zum Deutschen nicht den Akkusativ verwenden:

Hänellä on flunssa.	*Er/Sie hat Grippe.*
Naisilla on auto.	*Die Frauen haben ein Auto.*
Mikolla oli uusi kännykkänsä mukana.	*Mikko hatte sein neues Handy dabei.*

Ist der Besitz jedoch eine unbestimmte Menge oder wird er mit einer konkreten Zahl größer als 1 angegeben, steht das Besitztum – wie bei einem Objektsatz (→ Kapitel 4) – im Partitiv. Das Gleiche gilt auch, wenn das Haben verneint wird:

Minulla on paljon kirjoja.	*Ich habe viele Bücher.*
Pojalla on rahaa.	*Der Junge hat Geld.*
Minulla on veli ja kaksi siskoa.	*Ich habe einen Bruder und zwei Schwestern.*
Pekalla ei ole autoa, mutta hänellä on pyörä.	*Pekka hat kein Auto, aber er hat ein Fahrrad.*

Handelt es sich bei dem »Besitzer« um einen Gegenstand, wird der Inessiv (Endung -ssA) gebraucht:

Autossa on neljä rengasta.	*Das Auto hat vier Reifen.*
Talossa on paljon ikkunoita.	*Das Haus hat viele Fenster.*

Beachten Sie: Die *habeo*-Konstruktion umschreibt das deutsche Verb *haben* nur dann, wenn es sich um ein Besitzverhältnis handelt. Für das deutsche *haben* als Hilfsverb wird im Finnischen *olla* verwendet, z.B. Olen syönyt. *Ich habe gegessen.*

Übungen

1. Übersetzen Sie ins Deutsche.

1. Meidän täytyy nousta metrosta.
2. Matin pitää lähteä.
3. Hänen piti jäädä vielä töihin.
4. Heidän täytyi tiskata.
5. Pitääkö minun kääntyä vasemmalle vai oikealle?
6. Pekan täytyi vaihtaa rahaa.
7. Lasten pitää käydä lastentarhassa.
8. Teidän täytyy tulla heti kotiin.

2. Formen Sie die Sätze nach dem Muster um.

Beispiel: Lähetän kirjeen lentopostitse. → Minun täytyy lähettää kirje lentopostitse.

1. Teen tämän harjoituksen.
2. Menet lomalle lentokoneella.
3. Hän menee lääkäriin.
4. Joonas menee kouluun.
5. Emme maksa sakkoa.
6. Et ole vankilassa.

Vokabelhilfe

lentopostitse	*per Luftpost*
harjoitus	*Übung*
sakko	*Strafe, Strafzahlung*
vankila	*Gefängnis*

3. Verneinen Sie die Sätze aus Übung 1.

4. Formen Sie die folgenden Sätze so um, dass »müssen« darin vorkommt. Achten Sie dabei auf das Objekt.

Beispiel: Tilaamme huoneen. → Meidän täytyy / pitää tilata huone.

1. Lähden töihin.
2. Soitan Pekalle.
3. Annan vaimolle kukkia.
4. Luet tämän artikkelin.
5. Ostan lahjan.
6. Ajan metrolla keskustaan.
7. Otan lääkettä.
8. Laitan tänään ruokaa.

5. Übersetzen Sie ins Finnische.

1. Jarkko hat Fieber.
2. Maria hat zwei Schwestern und einen Bruder.
3. Haben Sie Kinder?
4. Wir haben einen Sohn und eine Tochter.
5. Sie hat keine Jacke, aber sie hat eine Bluse.

Vokabelhilfe

Fieber	kuume
Bluse	pusero

6. Nehmen Sie ein Wörterbuch zur Hand und sagen Sie, was Sie alles haben und was Sie nicht haben. Ihrer Fantasie sind dabei keine Grenzen gesetzt.

Minulla on …
Minulla ei ole …

23 Partizipien

Partizipien sind »Mittelwörter«, die im Finnischen sowohl gegenwärtige als auch vergangene Bedeutung haben können und sowohl im Aktiv als auch im Passiv vorkommen. Es gibt somit vier finnische Partizipien:

	Aktiv		Passiv	
Partizip Präsens	syö|vä	*(essend)*	syö|tävä	*(»zu essend«)*
Partizip Perfekt	syö|nyt	*(gegessen)*	syö|ty	*(gegessen)*

Zusätzlich zu diesen vier Partizipien gibt es im Finnischen noch das sog. Agenspartizip: syö|mä *(gegessen)*.

Partizip Präsens Aktiv

Das Partizip Präsens Aktiv (Zeichen: -vA) wird gebildet, indem das -t von der Endung der 3. Person Plural Präsens abgestrichen wird:

1	asua kertoa	he asu|vat he kerto|vat	asu|va kerto|va	*wohnend* *erzählend*
2	syöda	he syö|vät	syö|vä	*essend*
3	mennä tulla nousta	he mene|vät he tule|vat he nouse|vat	mene|vä tule|va nouse|va	*gehend, fahrend* *kommend* *aufstehend*
4	haluta ruveta	he halua|vat he rupea|vat	halua|va rupea|va	*wollend* *beginnend*
5	tarvita	he tarvitse|vat	tarvitse|va	*brauchend*

Im Gegensatz zum Infinitiv II im Instruktiv (→ Kapitel 19), der wie ein Adverb verwendet wird, wird das Partizip Präsens Aktiv als Nomen bzw. Adjektiv verwendet und kann somit in allen Kasus stehen:

Kasus	Singular	Plural*
Nominativ	syö|vä	syö|vä|t
Genitiv	syö|vä|n	syö|v|i|en
Partitiv	syö|vä|ä	syö|v|i|ä
Inessiv	syö|vä|ssä	syö|v|i|ssä
Elativ	syö|vä|stä	syö|v|i|stä
Illativ	syö|vä|än	syö|v|i|in

* Vor dem Plural-i entfällt das A des Partizip-Kennzeichens.

Lapsi putosi ajavasta autosta.	*Das Kind fiel aus dem fahrenden Auto.*
En halua häiritä syövää miestä.	*Ich will den essenden Mann nicht stören.*

Meist kann das Partizip Präsens Aktiv durch einen Relativsatz ersetzt werden und lässt sich als solcher übersetzen, wenn eine Partizipialkonstruktion im Deutschen in der Regeln nicht üblich ist oder zu verschachtelt wäre:

Talossa asuva mies on vanha. (= Mies, joka asuu talossa, ...)	*Der im Haus wohnende Mann ist alt.* *(= Der Mann, der im Haus wohnt, ...)*
Näemme lentokoneesta nousevat ihmiset. (= ihmiset, jotka nousevat ...)	*Wir sehen die aus dem Flugzeug aussteigenden Menschen (= die Menschen, die aus dem Flugzeug aussteigen).*

Attribute wie *talossa* und *lentokoneesta* müssen beim Partizip Präsens Aktiv vor dem Partizip stehen.

Partizip Präsens Passiv

Das Partizip Präsens Passiv hat das Zeichen -t(t)AvA und wird gebildet, indem die Endungen des Impersonal Imperfekt (→ Kapitel 18) ersetzt werden: -tiin durch -tAvA und -ttiin durch -ttAvA:

Verbklasse	Impersonal Imperfekt	Partizip Präsens Passiv
1	sano|ttiin ote|ttiin anne|ttiin	sano|ttava ote|ttava anne|ttava
2	syö|tiin saa|tiin	syö|tävä saa|tava
3	tul|tiin men|tiin sur|tiin nous|tiin harjoitel|tiin ol|tiin	tul|tava men|tävä sur|tava nous|tava harjoitel|tava ol|tava
4	halu|ttiin pala|ttiin ruve|ttiin koo|ttiin	halu|ttava pala|ttava ruve|ttava koo|ttava
5	tarvi|ttiin	tarvi|ttava
6	vanhe|ttiin	vanhe|ttava

Das Passivpartizip Präsens hat das gleiche Deklinationsmuster wie das Partizip Präsens Aktiv, z.B. Nsg *syötävä*, Gsg *syötävä|n*, Psg *syötävä|ä* etc. Es entspricht im Deutschen meistens einem indirekten Befehl (etwa »... *müssend*« oder »*zu* ...«) und kann im Finnischen oft auch durch *pitää* ersetzt werden. In vielen Fällen ist die ursprüngliche Bedeutung jedoch verloren gegangen: So bedeutet »syötävä« heute z.B. nicht mehr *zu essend, essen müssend* sondern *essbar, genießbar*.

tehtävä	*Pflicht, Aufgabe, »zu machendes«*
kotitehtävä	*Hausaufgabe*
kesämökki myytävänä	*Sommerhäuschen zu verkaufen*

Das Partizip Präsens Passiv ersetzt einen Relativsatz mit passivischer Bedeutung. Es lässt sich auch als solcher übersetzen, wenn eine Partizipialkonstruktion im Deutschen nicht üblich ist oder zu verschachtelt wäre:

Tämä kirja on luettava.	*Dieses Buch ist zu lesen (= das Buch muss gelesen werden).*
Hänellä ei ole tehtäviä läksyjä.	*Er/Sie hat keine zu machenden Hausaufgaben (= Hausaufgaben, die gemacht werden müssen).*

Partizip Perfekt

Im Gegensatz zu den Präsens-Partizipien, die eine noch nicht abgeschlossene Handlung zum Ausdruck bringen, drücken die Perfekt-Partizipien etwas bereits Abgeschlossenes aus.

Das Partizip Perfekt Aktiv (PPA) auf -nUt (z.B. syö|nyt *gegessen*, asu|nut *gewohnt*), das zur Bildung zusammengesetzter Zeiten der Vergangenheit gebraucht wird, finden Sie in Kapitel 14 ausführlich erklärt. Die Handlung des Partizips ist vorzeitig gegenüber der des konjugierten Verbs. Achten Sie auch hier wieder auf die Stellung der Attribute vor dem Partizip:

Paljon urheilua harrastanut naapurini on sairas.	*Meine Nachbarin, die viel Sport getrieben hat, ist krank.*

Die Deklination des nut-Partizips ist unregelmäßig. Im Stamm wird -nut zu -nee-:

Kasus	Singular	Plural
Nominativ	luke|nut	luke|nee|t
Genitiv	luke|nee|n	luke|nei|den
Partitiv	luke|nut|ta	luke|nei|ta
Inessiv	luke|nee|ssa	luke|nei|ssa
Elativ	luke|nee|sta	luke|nei|sta
Illativ	luke|nee|seen	luke|nei|siin
Adessiv	luke|nee|lla	luke|nei|lla

Ablativ	luke|nee|lta	luke|nei|lta
Allativ	luke|nee|lle	luke|nei|lle
Translativ	luke|nee|ksi	luke|nei|ksi
Essiv	luke|nee|na	luke|nei|na

Das Zeichen des Partizip Perfekt Passiv (PPP) lautet -t(t)U. Dieses Partizip wird nach den gleichen Regeln gebildet wie das Partizip Präsens Passiv (s.o.), wobei -tiin durch -tU und -ttiin durch -ttU ersetzt werden:

Verbklasse	Impersonal Imperfekt	Partizip Perfekt Passiv
1	sano|ttiin ote|ttiin anne|ttiin	sano|ttu ote|ttu anne|ttu
2	syö|tiin saa|tiin	syö|ty saa|tu
3	tul|tiin men|tiin sur|tiin nous|tiin harjoitel|tiin ol|tiin	tul|tu men|ty sur|tu nous|tu harjoitel|tu ol|tu
4	halu|ttiin pala|ttiin ruve|ttiin koo|ttiin	halu|ttu pala|ttu ruve|ttu koo|ttu
5	tarvi|ttiin	tarvi|ttu
6	vanhe|ttiin	vanhe|ttu

Das Partizip Perfekt Passiv dekliniert wie ein regelmäßiges Nomen, das dem Stufenwechsel unterliegt:

Kasus	Singular		Plural	
Nominativ	syö|ty	anne|ttu	syö|dy|t	anne|tu|t
Genitiv	syö|dy|n	anne|tu|n	syö|ty|j|en	anne|ttu|j|en
Partitiv	syö|ty|ä	anne|ttu|a	syö|ty|j|ä	anne|ttu|j|a
Inessiv	syö|dy|ssä	anne|tu|ssa	syö|dy|i|ssä	anne|tu|i|ssa
Elativ	syö|dy|stä	anne|tu|sta	syö|dy|i|stä	anne|tu|i|sta
Illativ	syö|ty|yn	anne|ttu|un	syö|ty|i|hin	anne|ttu|i|hin

Auch hier ist die Handlung des Partizips vorzeitig gegenüber der des konjugierten Verbs:

Syksyllä avattu ravintola on kallis.	*Das Restaurant, das im Herbst eröffnet worden war, ist teuer.*
Syömme aamulla poimittuja mansikoita.	*Wir essen Erdbeeren, die am Morgen gepflückt worden waren (= die gepflückten Erdbeeren).*

Für deutschsprachige Lernende ist es schwierig, das Partizip Perfekt Aktiv und das Partizip Perfekt Passiv zu unterscheiden, da beide Partizipien im Deutschen die gleiche Form haben (PPA: syönyt *gegessen*, PPP: syöty *gegessen*). Der Unterschied in der Funktion besteht jedoch darin, dass das PPA durch einen Aktivsatz, das PPP hingegen durch ein Impersonal (»Passiv«) ersetzt werden kann:

PPA	paljon lukenut mies (= mies, joka on lukenut paljon)	viel belesener Mann (= Mann, der viel gelesen hat = Aktiv)
PPP	paljon luettu kirja (= kirja, joka on luettu paljon)	viel gelesenes Buch (= Buch, das viel gelesen wurde = Passiv)

Übungen

1. Ersetzen Sie den Relativsatz jeweils durch das passende Partizip Präsens.

Beispiel: Lääkäri, joka tutkii potilaan, pelaa iltaisin jalkapalloa. →
Potilaan tutkiva lääkäri pelaa iltaisin jalkapalloa.

1. Vesihana, joka tippuu, häiritsee isää.
2. Ostamme kirjoja, jotka pitää lukea.
3. En tunne tyttöä, joka leikkii.
4. Poika, joka kuiskaa, istuu viimeisellä rivillä.
5. Rakastan kirkkoa, joka pitää remontoida.
6. He jäivät uimahalliin, joka pitää sulkea.
7. Auto, joka pitää pestä, on hyvin vanha.

Vokabelhilfe

vesihana	*Wasserhahn*
tippua	*tropfen*
kuiskata	*flüstern*
rivillä	*in der Reihe*
remontoida	*renovieren*
sulkea	*schließen*

2. Vervollständigen Sie die folgende Tabelle.

Kasus	soittaa	syödä	tehdä	haluta
Nominativ	soitettu			
Genitiv			tehdyn	
Partitiv		syötyä		
Inessiv				
Elativ				
Illativ		syötyyn		
Adessiv				
Ablativ				
Allativ				
Translativ				
Essiv				haluttuna

3. Übersetzen Sie die Sätze zunächst ins Finnische und verbinden Sie die zwei Sätze anschließend mithilfe des Partizip Präsens Aktiv zu jeweils einem Satz.

1. Das Mädchen sitzt auf dem Tisch. Das Mädchen telefoniert mit einer Freundin.
2. Ich treffe Leena. Leena lacht.
3. Mika spricht mit dem Mann. Der Mann liest Zeitung.
4. Liebst du die Frau? Die Frau tanzt.
5. Sie rufen den Nachbarn an. Der Nachbar schläft.

4. Setzen Sie die richtigen Partizipialformen ein und übersetzen Sie die Sätze ins Deutsche.

1. Äiti tervehti kylään _______________ (tulla) vieraita.
2. Talo on _______________ (rakentaa) 60-luvulla.
3. Kahvila on 60-luvulla _______________ (rakentaa) rakennuksessa.
4. Pihalle _______________ (ajaa) autossa istui minua _______________ (sinutella) mies.
5. Hän tuli tunnin _______________ (sopia) ajan jälkeen.
6. Auto on _______________ (myydä) halvalla hinnalla.
7. Asunto on _______________ (siivota).

Vokabelhilfe

tervehtiä	*(be)grüßen*
piha	*Hof*
sinutella	*duzen*
halvalla hinnalla	*zu einem günstigen Preis*

24 Imperativ

Der Imperativ ist eine Verbform, mit der ein Befehl, eine Aufforderung o.Ä. ausgedrückt wird. Das Finnische kennt Imperative für alle Personen außer der 1. Person Singular. In diesem Buch werden jedoch nur die Imperative der 2. Person Sg und Pl behandelt, da die anderen Imperativformen nur noch selten vorkommen und als veraltet gelten.

Sie kennen bereits einen finnischen Imperativ, ohne dass es Ihnen vielleicht bewusst ist, denn die Ausdrücke für »bitte« sind im Finnischen Aufforderungen:

ole hyvä	wörtl.: *sei gut*	Imperativ 2. Pers. Sg
olkaa hyvä	wörtl.: *seien Sie / seid gut*	Imperativ 2. Pers. Pl

2. Person Singular

Der Imperativ der 2. Person Singular ist bei allen Verben identisch mit dem Stamm, der im negierten Präsens nach dem Verneinungsverb folgt (sog. Verbstamm; → Kapitel 11). Das heißt, der Imperativ der 2. Person Singular entspricht der 1. Person Singular Präsens ohne -n:

Verbklasse	Infinitiv	1. Pers. Sg Präsens	2. Pers. Sg Imperativ
1	kysyä odottaa	kysyn odotan	kysy! odota!
2	syödä	syön	syö!
3	tulla mennä harjoitella olla	tulen menen harjoittelen olen	tule! mene! harjoittele! ole!
4	haluta ruveta	haluan rupean	halua! rupea!
5	tarvita	tarvitsen	tarvitse!
6	vanheta	vanhenen	vanhene!

2. Person Plural

Der Imperativ der 2. Person Plural hat die Endung -kAA, die an den sog. Infinitivstamm angehängt wird. Dieser wird gebildet, indem man in den einzelnen Verbklassen folgende Infinitivendungen wegstreicht: 1. Verbklasse: finales -A / 2. Verbklasse: -dA / 3. Verbklasse: auslautendes -lA, -nA, -tA / 4., 5. und 6. Verbklasse: finales -A.

Verbklasse	Infinitiv	Infinitivstamm	2. Pers. Pl Imperativ
1	kysyä odottaa	kysy- odotta-	kysykää! odottakaa!
2	syödä	syö-	syökää!
3	tulla mennä harjoitella olla	tul- men- harjoitel- ol-	tulkaa! menkää! harjoitelkaa! olkaa!
4	haluta ruveta	halut- ruvet-	halutkaa! ruvetkaa!
5	tarvita	tarvit-	tarvitkaa!
6	vanheta	vanhet-	vanhetkaa!

Ein Vollobjekt steht nach einem Imperativ im endungslosen Akkusativ, der formengleich mit dem Nominativ ist (→ Kapitel 4), ein Teilobjekt hingegen steht auch hier im Partitiv. Personalpronomen stehen im Akkusativ:

Pese takki! *Wasch die Jacke!*
Anna minulle kirja! *Gib mir das Buch!*
Hae mehua kellarista! *Hol Saft aus dem Keller!*
Ostakaa kolme kiloa perunoita! *Kauft drei Kilo Kartoffeln! / Kaufen Sie …*
Menkää kouluun! *Geht in die Schule!*

Verneinte Form

Die Verneinung des Imperativs erfolgt ebenfalls mit einem vorangestellten Verb. Hier wird jedoch nicht das Verneinungsverb gebraucht, sondern ein bestimmtes »Verbotsverb«.

Für die Verneinung der 2. Person Singular wird das Verbotsverb älä vor die entsprechende Imperativform gestellt:

syö! *iss!* → älä syö! *iss nicht!*
tule! *komm!* → älä tule! *komm nicht!*

In der 2. Person Plural wird das Verbotsverb älkää vor die Imperativform gestellt. Darüber hinaus wird die Imperativendung -kAA durch -kO ersetzt:

syökää! *esst! / essen Sie!* → älkää syökö! *esst nicht! / essen Sie nicht!*
tulkaa! *kommt! / kommen Sie!* → älkää tulko! *kommt nicht! / kommen Sie nicht!*

Ein Objekt steht auch im verneinten Imperativ im Partitiv:

Älä pese takkia! — *Wasch die Jacke nicht!*
Älkää antako minulle kirjaa! — *Gebt mir das Buch nicht!*
Älä hae mehua kellarista! — *Hol den Saft nicht aus dem Keller!*
Älkää ostako tätä puseroa! — *Kauft diese Bluse nicht!*

Übungen

1. Ergänzen Sie die fehlenden Formen.

Infinitiv	Imperfekt 2. Pers. Sg	Imperfekt 2. Pers. Pl	Übersetzung
	avaa!		*öffnen*
		laittakaa!	
	lähetä!		
täydentää			*ergänzen*
	anna!		*geben*
pestä			
		syökää!	

2. Bilden Sie den positiven und den negativen Imperativ nach folgendem Muster.

Beispiel: Haluaisin ostaa kirjan. → No, osta kirja! / Älä osta kirjaa!

1. Haluaisin juoda viiniä.
   ______________________ / ______________________
2. Haluaisimme mennä teatteriin.
   ______________________ / ______________________
3. Haluaisin lukea tämän päivän lehden.
   ______________________ / ______________________
4. Haluaisimme matkustaa sinne bussilla.
   ______________________ / ______________________
5. Haluaisin opiskella yliopistossa.
   ______________________ / ______________________
6. Haluaisimme puhua suomea.
   ______________________ / ______________________
7. Haluaisin kirjoittaa ystävälle kirjeen.
   ______________________ / ______________________
8. Haluaisimme olla rauhassa.
   ______________________ / ______________________

3. Übersetzen Sie ins Finnische.

1. Hab keine Angst!
2. Tu, was (*wörtl.:* so wie) ich sage!
3. Kommen Sie her!
4. Setzt euch!
5. Gib mir die Hand!
6. Seien Sie so gut! (= bitte)
7. Macht das Fenster nicht auf!
8. Gib mir ein Bussi!
9. Iss nicht so schnell!
10. Mach deine Hausaufgaben!

Vokabelhilfe

Angst haben	pelätä
(so) wie	kuten
sich setzen	istuutua
Bussi	pusu
Hausaufgabe	läksyt (*Pl*)

4. Finden Sie alle hier versteckten Imperative? Insgesamt sind es 15 Stück.

Ä	R	L	V	Y	N	S	U	L	J	E	T	U
L	L	U	E	T	Y	O	B	Ä	Ä	H	Ä	N
Y	E	K	S	U	O	M	I	H	A	R	I	S
L	V	I	Ä	A	Y	U	V	E	D	Ä	K	Ö
Ä	Y	L	L	Ä	A	S	U	T	H	A	H	A
M	I	R	S	Y	T	J	I	Ä	M	A	U	S
O	K	S	Y	Ö	T	U	R	N	U	J	Ä	Ä
H	E	N	D	L	U	O	L	K	A	A	N	U
O	L	L	A	I	T	D	Y	K	Ä	T	T	Ä
M	A	L	A	V	A	A	T	O	O	T	A	N
E	Ä	N	L	I	Y	D	H	U	V	E	N	M
N	Ä	Y	T	Ä	K	Y	L	J	Ö	L	N	I
E	K	U	Ö	K	I	J	Ä	R	R	E	A	P

25 Personalpronomen

Die finnischen Personalpronomen lauten folgendermaßen:

	Singular		Plural	
1. Person	minä	*ich*	me	*wir*
2. Person	sinä	*du*	te	*ihr/Sie*
3. Person (belebt)	hän	*er/sie/es*	he	*sie*
3. Person (unbelebt)	se		ne	

Die Personalpronomen können in allen Kasus vorkommen und werden entsprechend dekliniert. Der Akkusativ hat eine eigene Endung auf -t:

Kasus	Singular			Plural		
	1. Pers.	**2. Pers.**	**3. Pers.**	**1. Pers.**	**2. Pers.**	**3. Pers.**
Nominativ	minä	sinä	hän	me	te	he
Genitiv	minun	sinun	hänen	meidän	teidän	heidän
Akkusativ	minut	sinut	hänet	meidät	teidät	heidät
Partitiv	minua	sinua	häntä	meitä	teitä	heitä
Inessiv	minussa	sinussa	hänessä	meissä	teissä	heissä
Elativ	minusta	sinusta	hänestä	meistä	teistä	heistä
Illativ	minuun	sinuun	häneen	meihin	teihin	heihin
Adessiv	minulla	sinulla	hänellä	meillä	teillä	heillä
Ablativ	minulta	sinulta	häneltä	meiltä	teiltä	heiltä
Allativ	minulle	sinulle	hänelle	meille	teille	heille
Essiv	minuna	sinuna	hänenä	meinä	teinä	heinä
Translativ	minuksi	sinuksi	häneksi	meiksi	teiksi	heiksi

Kasus	3. Pers. unbelebt Singular			3. Pers. unbelebt Plural		
Nominativ	se	Inessiv usw.	siinä	ne	Inessiv usw.	niissä
Genitiv	sen	Adessiv usw.	sillä	niiden	Adessiv usw.	niillä
Akkusativ	sen	Essiv	sinä	ne	Essiv	niinä
Partitiv	sitä	Translativ	siksi	niitä	Translativ	niiksi

Das Pronomen hän wird nur für Personen und bisweilen auch für (Haus-)Tiere verwendet, wobei Maskulinum und Femininum nicht unterschieden werden; se wird für alles andere gebraucht. Ebenso Plural he für Personen und ne für alles andere.

Im Nominativ werden die Pronomen der 1. und 2. Person Singular und Plural in der Regel weggelassen, wenn sie nicht betont werden sollen. Die Pronomen der 3. Person müssen dagegen immer stehen:

(Minä) Olen ammatiltani toimittaja.	*Ich bin von Beruf Journalist(in).*
Hän lukee kirjan.	*Er/Sie liest das Buch.*
He näkivät sinut kaupungissa.	*Sie sahen dich in der Stadt.*
Anteeksi, oletteko Te ruotsalaisia?	*Entschuldigung, sind Sie Schweden?*
Meidän täytyy vielä tehdä läksyt.	*Wir müssen die Hausaufgaben noch machen.*
Autatko (sinä) minua? – Kyllä, (minä) autan sinua.	*Hilfst du mir? – Ja, ich helfe dir.*
Minusta kirjasto on mielenkiintoinen rakennus.	*Meiner Meinung nach ist die Bibliothek ein interessantes Gebäude.*
Hänellä on syntymäpäivä huomenna.	*Er/Sie hat morgen Geburtstag.*
Minulla ei ole aikaa.	*Ich habe keine Zeit.*
(Me) Soitimme heille eilen.	*Wir haben sie (Pl) gestern angerufen.*

PUHEKIELI

Die wichtigsten Unterschiede der umgangssprachlichen Personalpronomen sind:

- In der 1. und 2. Person werden die Personalpronomen auch dann verwendet, wenn das Subjekt nicht besonders betont werden soll.
- Für die 1. und 2. Person Singular werden verkürzte Pronomen gebraucht, bei denen die Silbe -in- entfällt: minä → mä | sinä → sä. Diese Silbe entfällt auch in anderen Kasusformen: minun → mun | sinulla → sulla etc.
- se und ne werden auch für Personen verwendet: hän → se | he → ne

Onks sulla viel(ä) se punane takki? (= Onko sinulla vielä [se] punainen takki?)	*Hast du die rote Jacke noch?*
Tuutsä tänään mulle? (= Tuletko tänään minulle?)	*Kommst du heute zu mir?*

Übungen

1. Setzen Sie das Personalpronomen in dieser kleinen Romanze in der richtigen Form ein.

1. Tutustuin ____________ (hän) viime vuonna lomalla.
2. Miksi katsot ____________ (hän) aina? Pidätkö tästä tytöstä?
3. Joo, pidän ____________ (hän) paljon. ____________ (hän) on niin kauniit silmät.
4. Sano ____________ (hän) sitten, että rakastat ____________ (hän).
5. En uskalla. Mitä jos ____________ (hän) ei pidä ____________ (minä)?
6. Anna ____________ (hän) sitten kukkia tai lahja!
7. En voi ostaa lahjaa, koska ____________ (minä) ei ole rahaa.
8. Voitko lainata ____________ (minä) vähän rahaa?

Vokabelhilfe

tutustua *(+ III)*	*kennenlernen*
miksi	*warum*
silmä	*Auge*
uskaltaa	*sich trauen*
lahja	*Geschenk*
lainata	*leihen, borgen*

2. Übersetzen Sie ins Finnische und beantworten Sie die Fragen danach ebenfalls auf Finnisch.

1. Liebt er sie?
2. Warum liebt er sie und nicht dich?
3. Traut er sich, ihr zu sagen, dass er sie liebt?
4. Sagt er ihr, dass er sie liebt?
5. Liebt sie ihn auch?
6. Kauft er ihr ein Geschenk?
7. Hat er Geld?
8. Leiht er sich Geld von ihm?
9. Gefällt dir diese Geschichte?
10. Wie endet die Geschichte?

Vokabelhilfe

Geschichte	tarina
enden	loppua

3. Ersetzen Sie die farbig hervorgehobenen Ausdrücke durch Personalpronomen.

1. Joulupukki antoi lapsille lahjoja.
2. Lapset olivat onnellisia ja sanoivat pukille kiitos.
3. Äiti ja minä olimme Kreikassa.
4. Äiti joi liian paljon retsinaa, minä en, koska en tykännyt retsinasta.
5. En ole nähnyt sinua ja isääsi pitkään aikaan.
6. Mitä sinulle ja isällesi kuuluu?
7. Tämän kirjan lukijat osaavat jo aika hyvin suomea.

Vokabelhilfe

joulupukki	*Weihnachtsmann*
Kreikka	*Griechenland*
pitkään aikaan	*seit Langem, nach langer Zeit*

4. Wer liebt hier wen und wer mag sich nur?

1. Rakastan ____________ (sinä), mutta sinä et rakasta ____________ (minä).
2. Sinä rakastat ____________ (hän), mutta hän vain pitää ____________ (sinä).
3. Hän on rakastanut ____________ (hän), joka rakastaa ____________ (minä), mutta minä en rakasta ____________ (hän), minä tykkään vain ____________ (hän).

5. Antworten Sie nach folgendem Muster.

Beispiel: Pidätkö koirasta? → Kyllä, haluan sen. → En halua sitä.

1. Pidättekö talosta?

   ____________________ ____________________

2. Pidätkö ruusustা?

   ____________________ ____________________

3. Pidämmekö omenasta?

   ____________________ ____________________

4. Pidätkö kirjoista?

   ____________________ ____________________

5. Pidätkö juustosta?

   ____________________ ____________________

6. Pidättekö ruoasta?

   ____________________ ____________________

26 Possessivpronomen und -suffixe

Im Gegensatz zum Deutschen kennt das Finnische neben den Possessivpronomen auch Possessivsuffixe, die an ein Substantiv angehängt werden. Das Bezugswort steht dabei immer im Genitiv, jedoch stets in der starken Stufe.

Die Possessivsuffixe lauten:

	Singular		Plural	
1. Person	-ni	*mein, -e*	-mme	*unser, -e*
2. Person	-si	*dein, -e*	-nne	*euer, eure*
3. Person	-nsA/-Vn	*sein, -e / ihr, -e; dessen, sein, -e*	-nsA/-Vn	*ihr, -e; deren, ihr, -e*

Die Possessivpronomen sind die Genitivformen der Personalpronomen (→ Kapitel 25).

	Singular		Plural	
1. Person	minun	*mein, -e*	meidän	*unser, -e*
2. Person	sinun	*dein, -e*	teidän	*euer, eure*
3. Person	hänen sen	*sein, -e / ihr, -e* *dessen, sein, -e*	heidän niiden	*ihr, -e;* *deren, ihr, -e*

Die Possessivpronomen stehen wie im Deutschen vor ihrem Bezugswort. Sie werden nur gebraucht, wenn das Besitzverhältnis besonders betont werden soll, und dann auch nur in Verbindung mit den Possessivsuffixen. In der Umgangssprache werden sie allerdings meist ohne Possessivsuffixe und in umgangssprachlicher, d.h. verkürzter Form verwendet (s.u.). In der Praxis sieht diese Differenzierung folgendermaßen aus:

nimeni — *mein Name*
minun nimeni — *mein Name (und nicht deiner)*
mun nimi — *mein Name* (ugs.)

In der 3. Person stehen hänen und heidän auch dann, wenn sie nicht besonders betont werden.

hänen laukkunsa — *ihre Tasche*
heidän äitinsä — *ihre (Pl) Mutter*

Die Possessivsuffixe werden auch mit anderen Kasus verwendet und stehen dabei immer nach den Kasusendungen:

auto-ssa-si — *in deinem Auto*
auto-i-ssa-mme — *in unseren Autos*

Endet die Kasusendung auf einen Konsonant, kommt es zu folgendem Schwund (s.u):

- -n entfällt im Genitiv und Illativ (Sg und Pl)
- -t entfällt im Nominativ Plural

Sowohl der Genitiv Singular als auch der Nominativ Plural stehen vor dem Possessivsuffix in der starken Stufe:

sillan	*der Brücke (Gsg)*	→	siltani	*meiner Brücke*
kaappien	*der Schränke (Gpl)*	→	kaappiemme	*unserer Schränke*
lahjat	*die Geschenke (Npl)*	→	lahjani	*meine Geschenke*
taloon	*in das Haus (Ill Pl)*	→	taloonsa	*in sein/ihr Haus*

Durch den Konsonantenschwund kommt es in Verbindung mit Possessivsuffixen zu Formengleichheit einzelner Kasus: Der Gsg und der Npl sind identisch mit dem Nsg, d.h. autoni *mein Auto* könnte auch *meines Autos* (Gsg) oder *meine Autos* (Npl) bedeuten. Welche Form im Einzelnen gemeint ist, ergibt sich in der Regel aus dem Satzkontext bzw. aus der dort verwendeten Form des Verbs und der Attribute. Vergleichen Sie:

Autoni on kadulla.	*Mein Auto ist auf der Straße.*
Autoni takakontti on pieni.	*Der Kofferraum meines Autos ist klein.*
Autoni ovat punaisia.	*Meine Autos sind rot.*

Für die 3. Person gibt es zwei Varianten des Possessivsuffixes: -nsA und -Vn. -nsA kann an alle Kasus angehängt werden, wird für gewöhnlich jedoch nur mit dem Nominativ verwendet sowie mit jenen Kasus, die vor oben beschriebenem Schwund auf Konsonant enden. -Vn wird nur bei Kasus verwendet, die auf Vokal auslauten:

hänen auto-nsa	*sein/ihr Auto / seines/ihres Autos* (Gsg) / *seine/ihre Autos* (Npl)
hänen autoo-nsa	*in sein/ihr Auto (hinein)*
hänen autossa-an	*in seinem/ihrem Auto*

Nomen auf -si und solche, die im Nominativ Sg die schwache Stufe haben und dem Stufenwechsel unterliegen, werden im Nominativ Sg vor dem Possessivsuffix stark. Dies betrifft allerdings nicht die Umgangssprache (s.u.):

käsi	→	Gsg käden			
	→	Psg kättä	→	käteni	*meine Hand / meine Hände*
				kädessäni	*in meiner Hand*
				hänen kädessään	*in seiner/ihrer Hand*
tytär	→	Gsg tyttären			
	→	Psg tytärtä	→	tyttäreni	*meine Tochter / meine Töchter*
				tyttärelleni	*an meine Tochter / (zu) meine(r) Tochter*

Die deutschen Possessivpronomen werden öfter verwendet als die Possessivsuffixe im Finnischen. Geht aus dem Zusammenhang hervor, wie das Besitz- bzw. Zugehörigkeitsverhältnis ist, wird das Possessivsuffix im Finnischen meist weggelassen, z.B.: Äiti tulee kotiin. *Die Mutter (= je nach Kontext meine/deine usw.) kommt nach Hause.*

PUHEKIELI

Im Gegensatz zur Standardsprache müssen die Possessivsuffixe in der Umgangssprache nicht zwingend stehen. Das heißt, die verkürzten umgangssprachlichen Possessivpronomen stehen wie im Deutschen ohne Possessivsuffixe. Was also schriftsprachlich ein Fehler wäre, wird mündlich weitgehend gebraucht:

mun (= minun)	*mein, -e*
sun (= sinun)	*dein, -e*
sen (= hänen / sen)	*sein, -e; ihr, -e*
mei(d)än (= meidän)	*unser, -e*
tei(d)än (= teidän)	*euer, eure*
niiden (= heidän / niiden)	*ihr, -e*

mun kirja	(minun) kirjani	*mein Buch*
sun auto	(sinun) autosi	*dein Auto*
sen isä	hänen isänsä	*sein/ihr Vater*

Übungen

1. Übersetzen Sie folgende Ausdrücke ins Finnische.

1. in meinem Auto
2. aus unserem Haus
3. zu meinem Vater
4. auf seinem Tisch
5. ihre Handtasche
6. meiner Schwester *(Genitiv)*
7. in ihrer Wohnung
8. unsere Eltern
9. mein Liebling
10. Lied unseres Landes *(= finnische Nationalhymne)*

Vokabelhilfe

Liebling	kulta
Lied	laulu

2. Welche der Formen ist jeweils richtig? Achtung: Es kann auch sein, dass beide Formen stimmen.

1. *aus unserem Haus*	talostanne | talostamme
2. *meine Familie*	minun perhe | minun perheeni
3. *seine Adresse*	hänen osoitteensa | hänen osoitteessa
4. *deine Geldbörse*	lompakosi | lompakkosi
5. *meine rote Lampe*	punainen lamppuni | punaiseni lamppuni
6. *in meiner Hose*	housuissani | housussani
7. *mein Bruder*	minun veli | minun veljeni
8. *sein/ihr Vater*	hänen isänsä | hänen isä
9. *in seiner Schule*	hänen koulussansa | hänen koulussaan
10. *Annas Tasche*	Annan laukkunsa | Annan laukku

3. Verbinden Sie die deutschen und finnischen Formen miteinander.

deine Mutter	hänen lapsensa
unsere Freunde	poikamme
ihr Vater	avaimellasi
unsere Wohnung	huoneeseemme
unsere Schuhe	siskoni
in seinem Haus	hänen käsilaukussaan
meine Hose	housuni
ihr langer Brief	hänen isänsä
seine (feste) Freundin	hänen juomansa
ihre (Pl) Kinder	hänen tyttöystävänsä
unser Sohn	ystävämme
ihre (Sg) Kinder	heidän lapsensa
mit deinem Schlüssel	kenkämme
aus seinem Buch	hänen talossaan
in ihrer Handtasche	isossa laatikossani
meine Schwester	äitisi
in unser Zimmer hinein	laatikossasi
in deiner Schublade	hänen kirjastaan
sein Getränk	hänen pitkä kirjeensä
in meiner großen Schachtel	asuntomme

Vokabelhilfe

feste Freundin	tyttöystävä
Schublade	laatikko
Getränk	juoma
Schachtel	laatikko

4. Bilden Sie Possessivkonstruktionen aus den umgangssprachlichen Sätzen.

Beispiel: Tykkäätsä mun siskosta? → (minun) siskostani

1. Menen sun kanssa.
2. Meidän vanhemmat tulee käymään.
3. Mun isän tietokone on rikki.
4. Pidän sun koirasta.
5. En löydä mun avaimia.
6. Grillataan hänen puutarhassa.
7. Hänellä on mun kengät jalassa.
8. Kiitos sun avusta.

Vokabelhilfe

tietokone	*Computer*
grillata	*grillen*
puutarha	*Garten*

27 Demonstrativ- und Interrogativpronomen

Ebenso wie die Personalpronomen werden im Finnischen auch die anderen Pronomen in Numerus und Kasus flektiert. In diesem Kapitel werden jeweils nur die wichtigsten Vertreter der Demonstrativ- und Interrogativpronomen vorgestellt:

Demonstrativpronomen	tämä	*dieser, -e, -es (hier)*
	tuo	*jener, -e, -es (dort)*
	se	*der, die, das (da)*
Interrogativpronomen	mikä	*welcher, -e, -es / was*
	kuka	*wer*

Demonstrativpronomen

Das Pronomen tämä weist auf etwas in der Nähe Befindliches hin, tuo hingegen auf etwas, das weiter vom Sprecher entfernt, allerdings noch in dessen Sichtfeld ist.

Kasus	**tämä**		**tuo**	
	Singular	Plural	Singular	Plural
Nominativ	tämä	nämä	tuo	nuo
Genitiv / Akkusativ	tämän	näiden	tuon	noiden
Partitiv	tätä	näitä	tuota	noita
Inessiv	tässä	näissä	tuossa	noissa
Elativ	tästä	näistä	tuosta	noista
Illativ	tähän	näihin	tuohon	noihin
Adessiv	tällä	näillä	tuolla	noilla
Ablativ	tältä	näiltä	tuolta	noilta
Allativ	tälle	näille	tuolle	noille
Essiv	tänä	näinä	tuona	noina
Translativ	täksi	näiksi	tuoksi	noiksi

Tämä puu on korkea, tuo puu on korkeampi. *Dieser Baum ist hoch, jener Baum ist höher.*
Poika tuli tuosta koulusta. *Der Junge kam aus jener Schule.*
Näissä teltoissa nukkuu monta ihmistä. *In diesen Zelten schlafen viele Menschen.*
Noilla lapsilla on kirjoja. *Jene Kinder haben Bücher.*

Das Pronomen se (Pl: ne) weist auf etwas hin, das bereits erwähnt wurde:

Tämä puu on korkea, koska se on vanha. *Dieser Baum ist hoch, weil er alt ist.*

Interrogativpronomen

Mit dem Pronomen mikä im Nominativ (und in abgeleiteten Kasus) wird konkret nach etwas Bestimmtem, meist nach einem einzelnen Gegenstand o.Ä. gefragt. Mit der Partitivform mitä fragt man allgemeiner:

Mikä maa tuo on?	*Welches Land ist das?*
Missä ravintolassa syöt huomenna?	*In welchem Restaurant isst du morgen?*
Mitä se on suomeksi?	*Was heißt das auf Finnisch?*
Mitä ostatte torilta?	*Was kauft ihr auf dem Markt?*

Bei der Deklination von mikä werden die meisten Kasussuffixe an den Stamm mi-, bei kuka an den Stamm kene- angehängt. Die inneren Lokalkasus von mikä entsprechen den Fragewörtern der einzelnen Fälle: missä? *wo?*, mistä? *woher?*, minne? / mihin? *wohin?*

Die äußeren Lokalkasus von mikä werden nur selten gebraucht. Entweder in anderer Bedeutung der einzelnen Kasus, z.B. der Adessiv als Instrumentalis (millä? *womit?*) oder in Verbindung mit einem Nomen im äußeren Lokalkasus (millä torilla? *auf welchem Markt?*). Will man z.B. nach »torilla« im Allgemeinen fragen, gebraucht man missä.

Kasus	**mikä**		**kuka**	
	Singular	Plural	Singular	Plural
Nominativ	mikä	mitkä	kuka	ketkä
Genitiv / Akkusativ	minkä		kenen / kenet	keiden
Partitiv	mitä		ketä	keitä
Inessiv	missä		kenessä	keissä
Elativ	mistä		kenestä	keistä
Illativ	(minne)/mihin		keneen	keihin
Adessiv	millä		kenellä	keillä
Ablativ	miltä		keneltä	keiltä
Allativ	mille		kenelle	keille
Essiv	minä		kenenä	keinä
Translativ	miksi		keneksi	keiksi

Mitkä asiat ovat sinulle rakkaita?	*Welche Dinge liegen dir am Herzen?*
Mistä bussista nouset?	*Aus welchem Bus steigst du aus?*
Kenen tämä on?	*Wem gehört das? (wörtl.: Wessen ist dies?)*
Kenellä on yskä ja nuha?	*Wer hat Husten und Schnupfen?*
Keille ystäville viemme matkamuistoja?	*Welchen Freunden bringen wir Souvenirs mit?*

Bei der Verneinung von »mikä« und »kuka« wird neben dem vorangestellten Verneinungsverb in der jeweiligen Person auch die Endung -(kA)An angehängt. Somit enstehen ei mikään *nichts* (unbelebt) und ei kukaan *niemand* (belebt). Die Endung -kAAn ist in erster Linie die verneinte Version der Endung -kin *auch* und entspricht *auch nicht*:

Kasus	ei mikään	ei kukaan
Nominativ	ei mikään	ei kukaan
Genitiv	ei minkään	ei kenenkään
Partitiv	ei mitään	ei ketään
Inessiv	ei missään	ei kenessäkään
Elativ	ei mistään	ei kenestäkään
Illativ	ei mihinkään	ei keneenkään
Adessiv	ei millään	ei kenelläkään
Ablativ	ei miltään	ei keneltäkään
Allativ	ei millekään	ei kenellekään
Essiv	ei minään	ei kenenäkään
Translativ	ei miksikään	ei keneksikään

Emme ostaneet mitään lomalla. *Wir haben im Urlaub nichts gekauft.*
En löydä sitä mistään. *Ich finde es nirgends.*
Eikö tämä ole kenenkään kynä? *Gehört dieser Stift niemandem?*
Kukaan ei soita minulle. *Niemand ruft mich an.*
En tutustunut keneenkään. *Ich habe niemanden kennengelernt.*

Übungen

1. Übersetzen Sie ins Finnische.

1. Das hier ist eine finnische Sauna.
2. In dem Jahr regnete es viel.
3. Dieses Problem kenne ich schon.
4. Wer sind jene Männer dort?
5. Sie sagte, dass diese Häuser sehr schön wären.
6. Wo hast du dieses Kleid gekauft?
7. Jene Wörterbücher gehören den Studenten.
8. Kennst du dieses Gebäude?

Vokabelhilfe

Problem ongelma
Kleid mekko

2. Ergänzen Sie *mikään* im richtigen Kasus.

1. Lapset eivät halua leikkiä ____________________.
2. Emme pidä ____________________.
3. En ymmärtänyt ____________________.
4. Hän ei halua muuttaa ____________________ uuteen maahan.
5. Afrikassa monet lapset eivät käy ____________________ koulua.

Vokabelhilfe

leikkiä	*spielen*
monet	*viele*

3. Verbinden Sie jeweils die passenden Singular- und Pluralformen.

tätä	noiden
tuosta	noilta
tällä	näille
tuon	noina
tälle	noista
tuona	näitä
tässä	näillä
tuolta	näissä

4. Ergänzen Sie *kukaan* im richtigen Kasus.

1. En ole nähnyt vielä ____________________ tänään.
2. He eivät pidä ____________________.
3. En anna ____________________ lahjaa.
4. En tutustunut ____________________ siellä.
5. En halua soittaa ____________________.

5. Formen Sie die Sätze nach folgendem Muster um.

Beispiel: Minulla ei ole aikaa perjantaina, mutta ei myöskään lauantaina. →
Minulla ei ole aikaa perjantaina, mutta ei lauantainakaan.

1. Ei sada vettä, mutta ei myöskään lunta.
2. Hän ei osaa englantia, mutta ei myöskään ruotsia.
3. Tyttö ei ole kaunis, mutta ei myöskään ruma.
4. En pidä oluesta, mutta en myöskään viinistä.
5. Et ollut Suomessa, mutta et myöskään Saksassa.

28 Indefinit- und Relativpronomen

Im Folgenden werden nur die wichtigsten Indefinit- und Relativpronomen vorgestellt:

Indefinitpronomen	jokin joku	*irgendein, -e / etwas* *(irgend)jemand*
Relativpronomen	joka	*der, die, das / welcher, -e, -es*

Indefinitpronomen

Während man jokin *etwas* (unbelebt) für Tiere und Gegenstände gebraucht, wird joku *jemand* (belebt) für Menschen benutzt. Allerdings erfolgt diese Trennung heutzutage nicht mehr konsequent, sodass vor allem bei joku statt der abgeleiteten Kasusformen häufig die Formen von *jokin* gebraucht werden.

Bei der Flexion von jokin werden die Kasusendungen an den Stamm jo- angehängt. Die Endung -kin (die hier nicht die Bedeutung *auch* hat) ist unveränderlich und steht stets nach dem Kasussuffix. Bei der Flexion von joku werden die Kasussuffixe sowohl an den Teil jo- als auch an -ku angehängt. Somit bekommt hier jedes Glied eine Kasusendung.

Kasus	**jokin**		**joku**	
	Singular	Plural	Singular	Plural
Nominativ	jokin	jotkin	joku	jotkut
Genitiv	jonkin	joidenkin	jonkun	joidenkuiden
Partitiv	jotakin	joitakin	jotakuta	joitakuita
Inessiv	jossakin	joissakin	jossakussa	joissakuissa
Elativ	jostakin	joistakin	jostakusta	joistakuista
Illativ	johonkin	joihinkin	johonkuhun	joihinkuihin
Adessiv	jollakin	joillakin	jollakulla	joillakuilla
Ablativ	joltakin	joiltakin	joltakulta	joiltakuilta
Allativ	jollekin	joillekin	jollekulle	joillekuille
Essiv	jonakin	joinakin	jonakuna	joinakuina
Translativ	joksikin	joiksikin	joksikuksi	joiksikuiksi

He hakivat jonkun lentoasemalta. — *Sie holten jemanden vom Flughafen ab.*
Anna se vain jollekulle. — *Gib es einfach irgendjemandem.*
Onko jollakulla opiskelijalla lyijykynä? — *Hat irgendein Student einen Bleistift?*
Hän pitää joistakin suomalaisista bändeistä. — *Er/Sie mag irgendwelche finnischen Bands.*

Relativpronomen

Das meistgebrauchte finnische Relativpronomen joka steht sowohl für Lebewesen als auch für unbelebte Gegenstände. Für Letztere kann auch mikä verwendet werden, das sich ebenfalls auf einen ganzen Satz beziehen kann.

Bei der Flexion von joka werden die Kasusendungen an den Stamm jo- angehängt. Die Endung -ka ist unveränderlich und steht im Nominativ Sg/Pl und im Genitiv Sg nach dem Kasussuffix.

Kasus	joka	
	Singular	Plural
Nominativ	joka	jotka
Genitiv	jonka	joiden
Partitiv	jota	joita
Inessiv	jossa	joissa
Elativ	josta	joista
Illativ	(jonne)/johon	joihin
Adessiv	jolla	joilla
Ablativ	jolta	joilta
Allativ	jolle	joille
Essiv	jona	joina
Translativ	joksi	joiksi

Das Relativpronomen kongruiert im Numerus mit seinem Bezugswort, im Kasus richtet es sich nach den Erfordernissen innerhalb des Nebensatzes, in dem es steht:

Tämä on tyttö, jota Matti rakastaa. — *Dies ist das Mädchen, das Matti liebt.*
Kiitos kortista, jonka lähetit minulle. — *Vielen Dank für die Karte, die du mir geschickt hast.*
(Se) kylä, jossa vanhempani asuvat, on hyvin pieni. — *Das Dorf, in dem meine Eltern wohnen, ist sehr klein.*
Nämä ovat maita, joihin matkustamme ensi vuonna. — *Das sind die Länder, in die wir nächstes Jahr reisen werden.*
Miehet, joilla on kengät, istuvat sohvalla. — *Die Männer, die die Schuhe haben, sitzen auf dem Sofa.*
Missä ovat ystävät, joille ostin liput? — *Wo sind die Freunde, für die ich die Eintrittskarten gekauft habe?*

PUHEKIELI

In der Umgangssprache (und nicht selten in der geschriebenen Sprache) wird bei den Formen von jokin meist das -k der Endung -kin weggelassen, wenn hiervor ein -a steht:

jotakin → jotain
jossakin → jossain
jostakin → jostain
jollakin → jollain
joltakin → joltain

Übungen

1. Sortieren Sie die folgenden Formen in die Tabelle ein.

jotakin | jotkin | jonakuna | joillakuilla | jossakussa | joillakin | joitakuita | jonkin | joiksikin | joltakulta | joissakin | jonnekin / johonkin | jostakusta | joltakin | joksikuksi | joistakin | jotkut | johonkuhun | joillekin | joinakin | joillekuille | jonkun

Kasus	jokin		joku	
	Singular	Plural	Singular	Plural
Nominativ	jokin		joku	
Genitiv		joidenkin		joidenkuiden
Partitiv		joitakin	jotakuta	
Inessiv	jossakin			joissakuissa
Elativ	jostakin			joistakuista
Illativ		joihinkin		joihinkuihin
Adessiv	jollakin		jollakulla	
Ablativ		joiltakin		joiltakuilta
Allativ	jollekin		jollekulle	
Essiv	jonakin			joinakuina
Translativ	joksikin			joiksikuiksi

2. Übersetzen Sie ins Deutsche.

1. Joku avasi oven.
2. Tapasin jonkun, josta tykkään.
3. Haluan soittaa jollekulle.

3. Setzen Sie *jokin* oder *joku* in der richtigen Form ein.

1. ________________ varasti autoni.
2. Haluaisimme käydä ________________ museossa.
3. Hänellä on ________________ ongelmia auton kanssa.
4. Kysymme ________________, joka osaa puhua suomea.
5. Tiedätkö ________________ elokuvateatterin kaupungissa?
6. Esittele minulle tänä iltana vain ________________ kauniita miehiä!
7. Eva tarvitsee ________________ lahjoja perheelleen.
8. Etsin ________________ uutta kirjaa.
9. Pidätkö ________________ englantilaisista elokuvista?

4. Übersetzen Sie ins Finnische.

1. Der Zug, aus dem meine Schwester aussteigt, hat Verspätung.
2. Liisa kauft die Kekse, die ihr Freund mag.
3. Kennt ihr die Serie, die wir im Fernsehen sehen?
4. Die Blaubeeren, die wir essen, waren sehr teuer.
5. Reist du in die Stadt, in der deine Eltern wohnen?
6. Öffnet bitte die Bücher, die ihr letzte Woche gekauft habt.
7. Hanna trifft den Jungen, dem sie einen Liebesbrief geschrieben hat.
8. Wer möchte die Zeitung lesen, die Johanna nicht liest?

Vokabelhilfe

Verspätung haben	olla myöhässä
Keks	keksi
Serie	sarja
Blaubeere	mustikka
öffnen	avata
Liebesbrief	rakkauskirje

5. Ergänzen Sie *joka* im richtigen Kasus.

1. Tyttö, ________________ istuu siellä, on kaunis.
2. Lapset, ________________ rakastan, nukkuvat jo.
3. Poika, ________________ on tämä kirja, asuu Espoossa.
4. Sibeliuksen musiikki, ________________ pidän, on suomalaista.
5. Perhe, ________________ talossa asumme, tulee pian takaisin.
6. Tämä on paikka, ________________ leikin lapsena.
7. Opiskelijat, ________________ esittelin teille eilen, opiskelevat lääketiedettä.
8. Auto, ________________ on tallissa, on isäni.

29 Post- und Präpositionen

Im Finnischen gibt es neben einigen Präpositionen, die vor ihrem Bezugswort stehen, vor allem Postpositionen, die dem Bezugswort folgen. In der Regel stehen Präpositionen mit dem Partitiv und Postpositionen mit dem Genitiv bzw. mit Possessivsuffixen, wenn ihnen ein Personalpronomen folgt. Im Folgenden finden Sie die wichtigsten finnischen Post- und Präpositionen aufgeführt.

Postpositionen

Postpositionen mit dem Genitiv		
alla/alta/alle* *unter*	sillan alla sängyn alle	*unter der Brücke* *unter das Bett*
edessä/edestä/eteen* *vor (örtl.)*	hänen edessään juosta auton eteen	*vor ihm/ihr* *vor das Auto laufen*
kanssa *mit (jmdm.)*	kanssani äidin kanssa	*mit mir* *mit der Mutter*
kautta *über, via*	ajaa Helsingin kautta	*über Helsinki fahren*
keskellä/keskeltä/keskelle* *mitten in, in der Mitte*	metsän keskellä metsän keskelle	*mitten im Wald* *mitten in den Wald (hinein)*
luona/luota/luo(kse)* *bei/von/zu jmdm.*	mummon luona Pekan luo Tulkaa luokseni!	*bei Oma* *zu Pekka* *Kommt zu mir!*
lähellä/läheltä/lähelle* *nahe, in der Nähe von*	aseman lähellä koulun läheltä	*in der Nähe des Bahnhofs* *aus der Nähe der Schule (weg)*
läpi *durch*	puiston läpi	*durch den Park*
mukana/mukaan *mit, dabei, gemäß*	lain mukaan	*nach dem Gesetz*
päällä/päältä/päälle* *auf*	kirjan päälle	*auf das Buch*
päässä/päästä/päähän* *in einer Entfernung von; nach, in (zeitl.)*	pitkän matkan päässä tunnin päästä	*weit weg* *in/nach einer Stunde*
sisällä/sisältä/sisälle* (auch: sisässä, sisästä, sisään) *(von/nach) drinnen, innerhalb von*	laatikon sisältä Sisään!	*aus (wörtl.: von in) der Schublade* *Herein!*
takana/takaa/taakse* *hinter*	vuoren takana	*hinter dem Berg*
takia *wegen, für*	rahan takia minun takiani	*des Geldes wegen* *meinetwegen*
vieressä/vierestä/viereen* *neben*	ystävän vieressä mennä talon viereen	*neben dem Freund* *neben das Haus gehen*

vuoksi = takia	*wegen*	sinun vuoksesi	*deinetwegen*
yli	*über*	mennä kadun yli	*über die Straße gehen*
ympäri	*um ... herum*	järven ympäri	*um den See herum*

* Diese Postpositionen drücken einen räumlichen Bezug aus und können daher in den verschiedenen Lokalkasus für »wo«, »woher« und »wohin« stehen (→ Kapitel 5 und 6).

Postpositionen mit dem Partitiv			
paitsi	*außer*	sitä paitsi	*außerdem*
pitkin	*entlang*	tietä pitkin	*die Straße entlang*
varten	*für (den Zweck von)*	ruoka eläimiä varten	*Essen für die Tiere*
vastapäätä*	*gegenüber*	kirkkoa vastapäätä	*gegenüber der Kirche*

* kann auch als Präposition verwendet werden

Postpositionen mit anderen Kasus				
asti	*bis (zu)*	+ Ill	torstaihin asti	*bis Donnerstag*
lähtien	*ab*	+ Ela	maanantaista lähtien	*ab Montag*
päin	*in Richtung, zu*	+ Ill/Ade	kotiin päin	*in Richtung nach Hause*
saakka = asti	*bis (zu)*	+ Ill	kesään saakka	*bis zum Sommer*

Präpositionen

Präpositionen mit dem Partitiv			
ennen	*vor (zeitl.)*	ennen joulua	*vor Weihnachten*
ilman	*ohne*	ilman muuta / meitä	*ohne Weiteres / ohne uns*
vastapäätä	*gegenüber*	vastapäätä oopperaa	*gegenüber der Oper*

Übungen

1. Übersetzen Sie ins Finnische.

1. Der Marktplatz ist gegenüber dem Buchladen.
2. Das Buch liegt (= ist) unter dem Schrank.
3. Martti ist bei Liisa.
4. Wir sind ab Dienstag auf Diät.
5. Elisa ist noch bis Juni in Finnland.

Vokabelhilfe

Diät laihdutuskuuri

2. Beschreiben Sie, was Sie wo sehen.

1. Nojatuoli on ______________________ (vor dem Tisch).
2. Takka on ______________________ (neben dem Sofa).
3. Vesipullo on ______________________ (auf dem Tisch).
4. Sohva on ______________________ (hinter dem Tisch).
5. (Vor dem Fenster) ______________________ on kukkaruukku.
6. Taulu riippuu ______________________ (an der Wand).
7. ______________________ (auf dem Sofa) on monta tyynyä.
8. Lämpöpatteri on ______________________ (in der Nähe des Fensters).
9. Koira on ______________________ (unter dem Tisch).
10. (Vor dem Kamin) ______________________ on kaksi viinilasia.

Vokabelhilfe

lämpöpatteri *Heizkörper*

3. Setzen Sie das fehlende Wort an der richtigen Stelle und im richtigen Kasus ein.

1.	raha	En voi maksaa __________ ilman __________.
2.	kirjasto	Tavataan __________ vastapäätä __________!
3.	Helsinki	Haluamme muuttaa __________ lähelle __________.
4.	ikkuna	Aurinko paistaa __________ läpi __________.
5.	torstai	__________ lähtien __________ menen Suomen kurssille.
6.	keskusta / Puistokatu	Menette __________ kautta __________ __________ asti __________.
7.	loma	Meidän täytyy suorittaa tentti __________ ennen __________.
8.	Matti	Tänä iltana olemme kaikki __________ luona __________.
9.	metsä	He telttailivat __________ keskellä __________.
10.	minä / -ni	Tuletko tanssimaan __________ kanssa____.

30 Zeitangaben

Im Finnischen erfolgen Zeitangaben in der Regel nicht durch Präpositionen (vgl. dt. z.B. *am* Freitag, *in* diesem Jahr), sondern durch den Gebrauch bestimmter Kasus. Welcher Kasus im Zusammenhang mit welcher Angabe steht, wird im Folgenden erläutert.

Bei Jahreszeiten wird im Finnischen der Adessiv (-llA) verwendet:

kevät	*Frühling*	keväällä	*im Frühling*
kesä	*Sommer*	kesällä	*im Sommer*
syksy	*Herbst*	syksyllä	*im Herbst*
talvi	*Winter*	talvella	*im Winter*

Mit dem Adessiv erfolgt eine nicht näher bestimmte Angabe der Jahreszeit, während der Essiv (-nA) gebraucht wird, sobald diese Zeitangabe durch Attribute näher bestimmt oder eingegrenzt wird. Wird beispielsweise mit ensi *nächster, -e, -es*, viime *letzter, -e, -es* oder tänä *dieser, -e, -es* konkretisiert, um welche bestimmte Jahreszeit es sich handelt, steht die Angabe im Essiv. Beachten Sie dabei jedoch, dass die Wörter ensi und viime nicht deklinierbar sind und keine Endungen annehmen:

ensi keväänä	*nächsten Frühling*	viime syksynä	*letzten Herbst*
tänä kesänä	*diesen Sommer*	ensi talvena	*nächsten Winter*

Diese Differenzierung mit Adessiv und Essiv gilt auch für andere Zeitangaben:

Adessiv		**Essiv**	
aamulla	*am Morgen*	tänä aamuna	*heute/diesen Morgen*
päivällä	*am Tag, tagsüber*	eräänä päivänä	*an einem gewissen Tag*
illalla	*am Abend*	tiistai-iltana	*am Dienstagabend*
yöllä	*in der Nacht*	viime yönä	*letzte Nacht*

Der Essiv (-nA) wird auch bei Wochentagen in der Bedeutung *am* verwendet:

maanantai	*Montag*	maanantaina	*am Montag*
keskiviikko	*Mittwoch*	keskiviikkona	*am Mittwoch*

Er steht außerdem in Verbindung mit Festen:

jouluna	*an/zu Weihnachten*
vappuna	*am/zum 1. Mai*
pääsiäisenä	*an/zu Ostern*

Folgende Ausdrücke stehen ebenfalls im Essiv:

vuonna …	*im Jahre …*
tänä päivänä	*heute, an diesem Tag*
(yli)huomenna	*(über)morgen*
toissa päivänä	*vorgestern*

Die Monate lauten folgendermaßen:

tammikuu *Januar*	huhtikuu *April*	heinäkuu *Juli*	lokakuu *Oktober*
helmikuu *Februar*	toukokuu *Mai*	elokuu *August*	marraskuu *November*
maaliskuu *März*	kesäkuu *Juni*	syyskuu *September*	joulukuu *Dezember*

Zur Zeitangabe bei Monaten wird der Inessiv (-ssA) verwendet:

tammikuussa	*im Januar*
joulukuussa	*im Dezember*

Der Translativ (-ksi) wird für eine bestimmte Zeitdauer verwendet:

viikoksi	*für eine Woche*
pääsiäiseksi	*zu Ostern (für die Zeitdauer der Osterfeierlichkeiten)*

Beachten Sie auch folgende feststehende Ausdrücke:

(ensi/viime/tällä) viikolla	*(nächste/letzte/diese) Woche*
(ensi/viime/tässä) kuussa	*(nächsten/letzten/diesen) Monat*
(ensi/viime/tänä) vuonna	*(nächstes/letztes/dieses) Jahr*

Nach joka *jeder, -e, -es* steht das Nomen im Nominativ:

joka päivä	*jeden Tag*
joka vuosi	*jedes Jahr*

Weitere mögliche Kasus in Verbindung mit Zeitangaben sind der Elativ (-sta) und der Illativ (-(h)Vn, -seen) in der Bedeutung *von … bis …* sowie bei den Postpositionen asti, saakka und lähtien (→ Kapitel 29):

tiistaista torstaihin	*von Dienstag bis Donnerstag*
kesäkuuhun asti	*bis Juni*
sunnuntaista lähtien	*seit Sonntag*

Die Endung -isin ist keine Kasusendung. Sie zeigt an, dass eine regelmäßige Wiederholung oder eine Gewohnheit stattfindet:

aamuisin	*morgens, jeden Morgen*
lauantaisin	*samstags, jeden Samstag*

Übungen

1. Setzen Sie die richtigen Endungen ein. Möglicherweise muss auch gar keine Endung ergänzt werden.

1. Lomamme alkaa tä_____ viiko_____.
2. Sunnuntai_____ isovanhempani menevät kirkkoon.
3. Olemme viikonloppu_____ mummolassa.
4. He lentävät Suomeen joka_____ vuo_____.
5. Joulu_____ syömme joulukinkkua.
6. Kauppa on auki maanantai_____ perjantai_____ klo 7–22.
7. Talve_____ hiihtetään, mutta me lennämme tä_____ talve_____ Espanjaan.
8. Viime_____ yö_____ myrskysi ulkona.
9. Olemme olleet täällä maanantai_____ lähtien ja jäämme tänne sunnuntai_____ asti.
10. Mi_____ kuu_____ sinulla on syntymäpäivä?

2. Übersetzen Sie ins Finnische.

1. Letzten Sommer waren wir in Italien.
2. Waren Sie vorgestern in Vaasa?
3. Morgens sehen sie oft fern.
4. Er fährt für einen Monat zu seinen Eltern aufs Land.
5. Liisas Geburtstag ist im Oktober.
6. Ich habe diese Woche am Freitag frei.
7. Im Frühling schmilzt der Schnee.
8. Zum Unabhängigkeitstag wird die finnische Flagge gehisst.
9. Seit Freitag habe ich nicht mehr geraucht.
10. Der Wecker meiner Nachbarin klingelte von morgens bis abends.

Vokabelhilfe

schmelzen	sulaa
Unabhängigkeitstag	itsenäisyyspäivä
hissen	nostaa salkoon
rauchen	polttaa

3. Übersetzen Sie die folgenden Ausdrücke und beantworten Sie die Fragen.

im Dezember | am Morgen | zu Ostern | im Jahre 1989 | samstags | am Sonntagabend

1. Milloin pääsiäisjänis tulee?
2. Milloin syödään sämpylöitä tavallisesti?
3. Milloin viikonloppu alkaa?
4. Milloin jouluaatto on?
5. Milloin uusi »Tatort« tulee televisiosta?
6. Milloin oli Saksan jälleenyhdistyminen?

31 Grundzahlen

Die Grundzahlen flektieren im Finnischen wie Nomina, also in Numerus und Kasus. Dabei kann es zu lautlichen Veränderungen kommen. Die Zahlen 1–10 sind besonders wichtig, da die anderen Zahlen logisch auf diesen basieren. Daher ist es ratsam, den Genitiv und Partitiv Singular der Grundzahlen immer gleich mitzulernen. In der folgenden Tabelle sind die unregelmäßigen Formen farbig hervorgehoben.

Zahl	Nominativ	Genitiv Singular	Partitiv Singular
0	nolla	nollan	nollaa
1	yksi	yhden	yhtä
2	kaksi	kahden	kahta
3	kolme	kolmen	kolmea
4	neljä	neljän	neljää
5	viisi	viiden	viittä
6	kuusi	kuuden	kuutta
7	seitsemän	= Nom.	seitsemää
8	kahdeksan	= Nom.	kahdeksaa
9	yhdeksän	= Nom.	yhdeksää
10	kymmenen	= Nom.	kymmentä

Für die Zahlen 11–19 wird an die Grundzahlen 1–9 die Endung -toista angefügt. Diese Endung ist unveränderlich und steht bei flektierten Formen nach der flektierten Zahl.

Zahl	Nominativ	Genitiv Singular	Partitiv Singular
11	yksitoista	yhdentoista	yhtätoista
12	kaksitoista	kahdentoista	kahtatoista
13	kolmetoista	kolmentoista	kolmeatoista
14	neljätoista	neljäntoista	neljäätoista
15	viisitoista	viidentoista	viittätoista
16	kuusitoista	kuudentoista	kuuttatoista
17	seitsemäntoista	seitsemäntoista	seitsemäätoista
18	kahdeksantoista	kahdeksantoista	kahdeksaatoista
19	yhdeksäntoista	yhdeksäntoista	yhdeksäätoista

Die Zahlen ab 20 werden durch die Einerzahl + -kymmentä (= Psg von 10) (+ die Einerzahl) gebildet, z.B.: 47 = 4 + 10 (Psg) + 7 → neljä|kymmentä|seitsemän. Ab 20 wird jeder Teil der Zahl flektiert, d.h. die Zehnerkomponenten ebenso wie die Einer. So lautet der Gsg von 47 z.B.: neljän|kymmenen|seitsemän.

Zahl	Nominativ	Genitiv Singular	Partitiv Singular
20	kaksikymmentä	kahdenkymmenen	kahtakymmentä
21	kaksikymmentäyksi	kahdenkymmenenyhden	kahtakymmentäyhtä
22	kaksikymmentäkaksi	kahdenkymmenenkahden	kahtakymmentäkahta
30	kolmekymmentä	kolmenkymmenen	kolmeakymmentä
40	neljäkymmentä	neljänkymmenen	neljääkymmentä
50	viisikymmentä	viidenkymmenen	viittäkymmentä
60	kuusikymmentä	kuudenkymmenen	kuuttakymmentä
70	seitsemänkymmentä	seitsemänkymmenen	seitsemääkymmentä
80	kahdeksankymmentä	kahdeksankymmenen	kahdeksaakymmentä
90	yhdeksänkymmentä	yhdeksänkymmenen	yhdeksääkymmentä
99	yhdeksänkymmentä-yhdeksän	yhdeksänkymmenen-yhdeksän	yhdeksääkymmentä-yhdeksää

Dieses Prinzip der Zusammensetzung setzt sich auch bei den höheren Zahlen fort, d.h. auch hier wird jeder Bestandteil einer Zahl flektiert.

Zahl	Nominativ	Genitiv Singular	Partitiv Singular
100	sata	sadan	sataa
153	sataviisikymmentä-kolme	sadanviidenkymmenen-kolmen	sataviittäkymmentä-kolmea
200	kaksisataa	kahdensadan	kahtasataa
1000	tuhat	tuhannen	tuhatta
2000	kaksituhatta	kahdentuhannen	kahtatuhatta
1 Mio.	miljoona	miljoonan	miljoonaa

Wenn eine Grundzahl mit dazugehörigem Nomen als Subjekt, Vollobjekt oder Prädikativ eines Satzes steht, folgt nach den Grundzahlen ab 2 das Nomen im Partitiv Singular. Auch das Verb steht dann im Singular (→ Kapitel 4):

Autosta nousee viisi ihmistä. — *Aus dem Auto steigen fünf Personen.*
Hänellä on (yksi) veli ja kolme siskoa. — *Er/Sie hat einen Bruder und drei Schwestern.*
Ostimme eilen kaksikymmentä omenaa. — *Wir haben gestern zwanzig Äpfel gekauft.*
Ettekö nähneet niitä neljää karhua tiellä? — *Habt ihr die vier Bären auf der Straße nicht gesehen?*

In den anderen Kasus stimmen Grundzahl und Nomen überein und stehen im Singular:

Olen kiinnostunut kahdeksasta kielestä.	*Ich interessiere mich für acht Sprachen.*
Tarjoilijan täytyy kantaa kaksi lautasta.	*Der Kellner muss zwei Teller tragen.*
Turistit olivat eilen kolmessa museossa.	*Die Touristen waren gestern in drei Museen.*
Opiskelijat tulevat viidestä maasta.	*Die Studenten kommen aus fünf Ländern.*
Joulupukin lahjat ovat kolmellasadallakahdella pöydällä.	*Die Geschenke des Weihnachtsmanns liegen auf dreihundertzwei Tischen.*

Der Plural der Grundzahlen wird lediglich in Verbindung mit einem Pluraletantum verwendet:

(yhdet) housut	*eine Hose*
kahdet housut	*zwei Hosen*
kaksissa housuissa	*in zwei Hosen*

PUHEKIELI

In der Umgangssprache werden die Zahlen verkürzt wiedergegeben. Bei schnellem Abzählen werden die Zahlen 1–10 sogar noch stärker verkürzt:

	ugs.	beim Abzählen
1	yks	yy
2	kaks	kaa
3	kolm(e)	koo
4	neljä	nen/nee
5	viis	vii
6	kuus	kuu
7	seittemän	sei
8	kaheksan	kasi
9	yheksän	ysi
10	kymmene(n)	kymppi
11	ykstoist	
12	kakstoist etc.	
20	kakskyt	
21	kakskytyks etc.	

Onks sul kakskyt euroo mulle? (= Onko sinulla kaksikymmentä euroa minulle?)	*Hast du 20 € für mich?*
Ootsä varma, et meil on viel kymmene minuttii aikaa? (= Oletko [sinä] varma, että meillä on vielä kymmenen minuuttia aikaa?)	*Bist du sicher, dass wir noch zehn Minuten Zeit haben?*

Übungen

1. Schreiben Sie folgende Grundzahlen in Worten.

14 ______________________________
78 ______________________________
214 ______________________________
558 ______________________________
9 467 ______________________________
38 770 ______________________________
127 247 ______________________________
338 432* ______________________________

* Fläche Finnlands in km^2

2. Geben Sie folgende Zahlen in Ziffern an.

1. viisikymmentäyhdeksän
2. yhdeksänkymmentäneljä
3. kolmesataakahdeksankymmentäseitsemän
4. kuusisataaneljäkymmentäkolme
5. seitsemänsataayksitoista
6. tuhatyhdeksänsataakahdeksankymmentäkaksi
7. kolmetoistatuhattaneljäsataaviisikymmentäyhdeksän
8. kaksi miljoonaa kuusisataaviisikymmentäkahdeksantuhatta seitsemänsataakaksikymmentäneljä

3. Wie gut sind Sie in Mathematik? Lösen Sie folgende Rechenaufgaben.

1. Kuinka paljon on kolme plus kuusi?
2. Paljonko on kolme kertaa viisi?
3. Mitä on kuusi kertaa yhdeksän?
4. Kuinka paljon on viisi kertaa viisi?
5. Paljonko on seitsemän plus seitsemäntoista?
6. Mitä on yhdeksäntoista miinus seitsemäntoista?
7. Kuinka paljon on kahdeksan plus kaksi?
8. Paljonko on kolmekymmentäneljä miinus seitsemäntoista?
9. Mitä on viisitoista miinus neljä?

4. Setzen Sie die eingeklammerten Zahlen in den richtigen Kasus.

1. Rakastatteko Te todella ______________ (2) naista?
2. Hän laittoi lahjat ______________ (6) matkalaukkuun.
3. Oletko antanut juomia ______________ (5) lapselle?
4. ______________ (20) opiskelijan kirjat olivat pöydillä.
5. Lentäjä odottaa ______________ (110) matkustajaa.
6. ______________ (8) huoneessa oli kymmenen tuolia.
7. Tulevatko vanhempasi ______________ (2) autolla?

32 Ordnungszahlen

Die finnischen Ordnungszahlen werden gebildet, indem man vom Genitiv der jeweiligen Grundzahl ausgeht und das finale -n durch -s ersetzt. Dieses wird in den flektierten Formen zu -nne (schwache Stufe) bzw. -nte (starke Stufe).

Die Ordnungszahlen für *erster, -e, -es* und *zweiter, -e, -es* weisen eine Besonderheit auf: Wenn sie alleine stehen, werden ensimmäinen (1.) und toinen (2.), die unregelmäßige Ausnahmen sind, verwendet, in Zusammensetzungen jedoch stehen die regelmäßigen Formen yhdes- und kahdes-.

Ordnungszahl	Nominativ	Genitiv Singular	Partitiv Singular
1.	ensimmäinen	ensimmäisen	ensimmäistä
2.	toinen	toisen	toista
3.	kolmas*	kolmannen	kolmatta
4.	neljäs	neljännen	neljättä
5.	viides	viidennen	viidettä
6.	kuudes	kuudennen	kuudetta
7.	seitsemäs	seitsemännen	seitsemättä
8.	kahdeksas	kahdeksannen	kahdeksatta
9.	yhdeksäs	yhdeksännen	yhdeksättä
10.	kymmenes	kymmenennen	kymmenettä

* Bei 3. (kolmas) steht -a- anstelle des regelmäßigen -e-.

Für die Ordnungszahlen 11.–19. wird wie bei den Grundzahlen die unveränderliche Endung -toista angefügt. Bei 11. und 12. wird der Teil vor -toista regelmäßig gebildet, also mit yhdes- und kahdes-.

Ordnungszahl	Nominativ	Genitiv Singular	Partitiv Singular
11.	yhdestoista	yhdennentoista	yhdettätoista
12.	kahdestoista	kahdennentoista	kahdettatoista
13.	kolmastoista	kolmannentoista	kolmattatoista
14.	neljästoista	neljännentoista	neljättätoista
15.	viidestoista	viidennentoista	viidettätoista
16.	kuudestoista	kuudennentoista	kuudettatoista
usw.	seitsemästoista	seitsemännentoista	seitsemättätoista

Die Ordnungszahlen ab 20. werden durch die Ordnungszahl der Einer + kymmennes (= Nsg von 10.) (+ die Ordnungszahl der Einer) gebildet, z.B.: 47 = 4. + 10. + 7. → neljäs|kymmenes|seitsemäs. Ab 20. wird wie bei den Grundzahlen jeder Teil der Zahl flektiert, d.h. die Zehnerkomponenten ebenso wie die Einer. So lautet der Gsg von 47. (»des 47.«) z.B. neljännen|kymmenennen|seitsemännen.

Ordnungs-zahl	Nominativ	Genitiv Singular	Partitiv Singular
20.	kahdeskymmenes	kahdennenkymmenennen	kahdettakymmenettä
21.	kahdeskymmenes-yhdes	kahdennenkymmenennen-yhdennen	kahdettakymmenettä-yhdettä
22.	kahdeskymmenes-kahdes	kahdennenkymmenennen-kahdennen	kahdettakymmenettä-kahdetta
30.	kolmaskymmennes	kolmannenkymmenennen	kolmattakymmenettä
40.	neljäskymmennes	neljännenkymmenennen	neljättäkymmenettä
50.	viideskymmennes	viidennenkymmenennen	viidettäkymmenettä
60.	kuudeskymmennes	kuudennenkymmenennen	kuudettakymmenettä
70.	seitsemäs-kymmennes	seitsemännen-kymmenennen	seitsemättä-kymmenettä
80.	kahdeksas-kymmennes	kahdeksannen-kymmenennen	kahdeksatta-kymmenettä
90.	yhdeksäs-kymmennes	yhdeksännen-kymmenennen	yhdeksättä-kymmenettä
100.	sadas	sadannen	sadatta
1000.	tuhannes	tuhannennen	tuhannetta

Innerhalb eines Satzes stimmen die Ordnungszahlen in Kasus und Numerus mit dem dazugehörigen Nomen überein:

He soittivat meille toisen lomapäivän aamuna.	*Sie riefen uns am Morgen des zweiten Urlaubstages an.*
Asumme kolmannessa kerroksessa.	*Wir wohnen im dritten Stock.*
Tuleeko Liisa jo yhdeksännelle luokalle?	*Kommt Liisa schon in die neunte Klasse?*
Kaupunginjohtaja tervehti sadatta katsojaa.	*Der Bürgermeister begrüßte den hundertsten Zuschauer.*

Auch bei der Datumsangabe wird die Ordnungszahl gebraucht. Der Monat folgt im Partitiv und das Jahr im Nomintaiv:

24. 12. 2013 kahdeskymmenesneljäs joulukuuta kaksituhatta kolmetoista

Übungen

1. Geben Sie die Geburtsdaten der finnischen Promis (*julkkis*) auf Finnisch wieder.

1. Jean Sibelius	8. Dezember 1865
2. Janne Ahonen	11. Mai 1977
3. Leena Lehtolainen	11. März 1967
4. Ville Valo	22. November 1976
5. Matti Nykänen	17. Juli 1963
6. Aki Kaurismäki	4. April 1957
7. Mika Häkkinen	28. September 1968

2. Übersetzen Sie die folgenden Ausdrücke ins Finnische.

1. in der dritten (Schul-)Stunde
2. in die fünfte Reihe
3. in der achten Klasse
4. zum sechsten Schalter
5. zum ersten Mal *(Part.)*
6. hinter der dritten Tür
7. der zwanzigste Radiohörer
8. nach dem hundertsten Tag
9. das fünftausendste Tier

Vokabelhilfe

(Schul-)Stunde	tunti
Reihe	rivi
(Ticket-)Schalter	luukku
Mal	kerta
Radiohörer	kuuntelija

3. Welche Form der Ordnungszahlen ist richtig? Unterstreichen Sie sie.

1. Kolmas | Kolmen | Kolmes juna lähtee klo 7.00.
2. Minun kahdes | toisen | toinen äidinkieleni on ruotsi.
3. Huomenna he juhlivat kymmenettä | kymmenennen | kymmenes vuosipäivää.
4. Tänään on kahdennenkymmenennenkahdeksannen | kahdeskymmeneskahdeksas kesäkuuta.
5. Milloin on sinun ensimmäisen | ensimmäinen | yksi lomapäiväsi?
6. Sanon tämän teille nyt tuhannet | tuhannen | tuhannetta kertaa!

33 Die substantivische Form der Zahlen

Die Zahlen 1–10 können – insbesondere in der gesprochenen Sprache – auch in einer substantivischen Form vorkommen, d.h. sie werden dann wie Substantive verwendet, z.B. bei Verkehrsmitteln oder Geldscheinen. Sie lauten:

Zahl	Nsg	Gsg	Psg	Ppl	
1	ykkönen	ykkösen	ykköstä	ykkösiä	*Eins(er)*
2	kakkonen	kakkosen	kakkosta	kakkosia	*Zwei(er)*
3	kolmonen	kolmosen	kolmosta	kolmosia	*Drei(er)*
4	nelonen	nelosen	nelosta	nelosia	*Vier(er)*
5	viitonen	viitosen	viitosta	viitosia	*Fünf(er)*
6	kuutonen	kuutosen	kuutosta	kuutosia	*Sechs(er)*
7	seiska	seiskan	seiskaa	seiskoja	*Sieben(er)*
8	kasi	kasin	kasia	kaseja	*Acht(er)*
9	ysi	ysin	ysiä	ysejä	*Neun(er)*
10	kymppi	kympin	kymppiä	kymppejä	*Zehn(er)*

Menetkö kakkosella yliopistolle? *Fährst du mit dem Zweier zur Uni?*
Voitko lainata minulle viitosen? *Kannst du mir einen Fünfer leihen?*

Übungen

1. Zum Abschluss noch eine Wiederholung aller Numeralia. Übersetzen Sie ins Finnische.

1. Wir sind heute schon in fünfzehn Geschäften gewesen.
2. Wir müssen mit dem Linienbus eins (Einser) und dem Bus Vier (Vierer) fahren.
3. Er hat an vier Universitäten studiert.
4. Sie sind in drei Ländern zu Hause.
5. Mögen sie ihre fünf neuen Katzen?
6. Ich habe heute schon zehn Menschen kennengelernt.
7. Das Haus hat acht Fenster und drei Türen.
8. Wir kauften eine Jacke, zwei Hemden und zwei Hosen.
9. Ich habe dieses Wort in zwei Wörterbüchern nicht gefunden, erst im dritten.
10. Er hat nur noch neun Finger.

Vokabelhilfe

Linienbus	linja-auto	*Hemd*	paita
kennenlernen	tutustua (+ Vn)	*Finger*	sormi

Lösungsschlüssel

1 Die Vokalharmonie *S. 7*

1. Wienissä | Münchenissä | Joensuussa | Venäjällä | Helsingissä | Espoossa | Kööpenhaminassa (letzter Teil entscheidend) | Tampereella | Rovaniemellä (letzter Teil entscheidend) | Seinäjoella (letzter Teil entscheidend)

2. 1. metsässä | 2. autossa | 3. lääkärissä | 4. ravintolassa | 5. meressä | 6. asemalla | 7. torilla | 8. tiellä

3. 1. asutko | 2. meneekö | 3. tulemmeko | 4. nauratko | 5. näetkö | 6. onko | 7. teettekö

4. 1. Kesällä voi uida, syksyllä voi olla synkkää. | 2. Tuletko vai etkö tule? | 3. Hänellä on uusi auto, mutta Pekalla ei ole. | 4. Syötkö sen vielä?

5. 1. Venäjällä | 2. Tšekistä | 3. Puolasta | 4. islantilainen | 5. Ruotsissa | 6. Latviasta, Riiasta | 7. Tallinnasta, Eestistä | 8. Amerikasta

2 Der Stufenwechsel *S. 11*

1. 1. rotan | 2. kukan | 3. sängyn | 4. sillan | 5. äidin | 6. siiven | 7. lennon | 8. reiän | 9. jalan | 10. saksalaisen

2. tappaa – tapan | lukea – luen | onkia – ongin | nukkua – nukun | odottaa – odotan | alkaa – alan | miettiä – mietin | sopia – sovin | kantaa – kannan | särkeä – särjen

3. 1. kaupungissa | 2. tytöllä | 3. Irlannissa | 4. laukusta | 5. pöydällä | 6. sängyssä | 7. kädessä | 8. suomalaisella | 9. kaapissa | 10. tölkissä

3 Die grammatikalischen Kasus *S. 15/16*

1. kirje – kirjeen | luku – luvun | mato – madon | vaatetus – vaatetuksen | vuosi – vuoden | terveys – terveyden | lukko – lukon | ihminen – ihmisen | matto – maton

2. 1. Suomi | 2. paikka | 3. ovi | 4. lämpö | 5. ystävällinen | 6. kysymys | 7. monumentti | 8. perhe | 9. mänty | 10. apu | 11. jogurtti | 12. puhelin

3. 1. kynää | 2. osoitetta | 3. venettä | 4. televisiota | 5. kelloa | 6. pulloa | 7. päivää | 8. herätystä | 9. saksalaista | 10. yötä | 11. kirjettä | 12. kassia (Wörter auf -ssi zählen nicht zum Typ -si) | 13. asuntoa | 14. suomalaista | 15. katua | 16. kirjaa | 17. puhelinta | 18. teetä (doppeltes e gilt als Doppelvokal und nicht als Endung -e) | 19. konetta | 20. hametta | 21. suuta | 22. miestä | 23. päätä | 24. kättä | 25. maata | 26. vastausta

4. 1. Leenan | 2. siskon | 3. tyttären | 4. huoneen | 5. kadun | 6. Mikon | 7. opiskelijan | 8. Naisen | 9. lapsen | 10. kaupungin

5. 22 (kaksikymmentäkaksi) avainta | 6 (kuusi) naista | 2 (kaksi) jalkaa | 2 (kaksi) silmää | 1 (yksi) kieli (Nsg nach der Zahl 1!) | 5 (viisi) autoa | 3 (kolme) karttaa | 4 (neljä) kättä | 20 (kaksikymmentä) sänkyä | 21 (kaksikymmentäyksi) taloa

4 Objektschemen *S. 19/20*

1. 1. leipää | 2. kirjeen | 3. pyörän | 4. olutta | 5. kakun | 6. teetä | 7. kahvia | 8. suklaata | 9. maitoa | 10. kirjan

2. 1. Syöttekö Te aamiaiseksi leipää ja voita? | 2. Tytär juo lasin vettä. | 3. Me näemme suomalaiset ystävämme. | 4. Rakastaako hän vaimoaan? | 5. Sinun täytyy ostaa mekko. | 6. Ostatko tänään lehden? | 7. Tästä kaupasta naiset ostavat kenkiä. | 8. Tarjoilija tuo ruokalistan. | 9. Suomalaiset juovat paljon kahvia. | 10. Hae kakku!

3. 1. talon – taloa – talo | 2. pöydän – pöytää – pöytä | 3. avaimen – avainta – avain | 4. rakennuksen – rakennusta – rakennus | 5. maton – mattoa – matto | 6. jogurtin – jogurttia – jogurtti | 7. radion – radiota – radio | 8. auton – autoa – auto | 9. hatun – hattua – hattu | 10. laukun – laukkua – laukku

4. 1. ystävän (Vollobjekt = Akk.) | 2. omenaa (Verneinung = Part.) | 3. pullon (Vollobjekt = Akkusativ), maitoa (unbestimmte Menge nach Maßangabe im Part.) | 4. naista (Part. nach Zahl) | 5. autot (bestimmte, zählbare Menge im Plural = Akk. Pl) | 6. mehua (unbestimmte Menge = Part.) | 7. kirjoja (Verneinung Pl = Part. Pl) | 8. kartta (nach Imperativ = endungsloser Akk. (= Nom.)) | 9. olutta (unbestimmte Menge = Part.) | 10. minua (rakastaa + Part.)

5. 1. Hän ostaa mehua. *Er/Sie kauft Saft.* | 2. Pekka rakastaa sinua. *Pekka liebt dich.* | 3. Kolme naista asuu hotellissa. *Drei Frauen wohnen im Hotel.* | 4. Hän juo lasin vettä. *Er/Sie trinkt ein Glas Wasser.* | 5. Me haluamme kahvia. *Wir möchten Kaffee.* | 6. Ota lehti! *Nimm die Zeitung!* | 7. En osta kirjaa. *Ich kaufe kein Buch. / Ich kaufe das Buch nicht.* | 8. Minä tapaan äidin. *Ich treffe [meine] Mutter.* | 9. Tässä on kaksi tyttöä. *Hier sind zwei Mädchen.* | 10. Näetkö sinä auton? *Siehst du das Auto?*

5 Die Lokalkasus allgemein | Die inneren Lokalkasus *S. 23/24*

1. Position an einer Stelle: kirkossa, huoneessa, teatterissa, Suomessa | Bewegung von einer Stelle weg: autosta, kylästä, Saksasta, laukusta | Bewegung zu einer Stelle hin: kaupunkiin, keittiöön, kauppaan

2. 1. maahan | 2. koneeseen | 3. Lontooseen | 4. rakennukseen | 5. Suomeen | 6. ihmiseen | 7. veneeseen | 8. Kölniin | 9. taloon | 10. tiehen

3. 1. Helsingistä | 2. kaupungissa | 3. kouluun | 4. maahan | 5. keittiössä | 6. laukussa | 7. huoneeseen | 8. teatteriin | Lösungswort: suomeksi *auf Finnisch*

4. 1. kaupungintaloon | 2. teatterista | 3. museossa | 4. kukkakaupasta | 5. postiin | 6. sairaalassa | 7. kirkkoon | 8. kirjastossa

5. Kaisa menee työstä ravintolaan ja syö vähän. Ravintolasta hän menee supermarkettiin ja ostaa maitoa, kolme banaania ja valmispizzan. Supermarketista hän menee kotiin. Kotoa hän menee kuntosalille ja sieltä takaisin kotiin.

6 Die äußeren Lokalkasus *S. 26/27*

1. 1. Otan kirjan hyllyltä. | 2. Mies on pihalla. | 3. Menen (rautatie)asemalle. | 4. Lehti on pöydällä. | 5. Nainen tulee torilta. | 6. Pekka on kadulla. | 7. Menemme Venäjälle.

2. 1. pysäkiltä, kurssille | 2. kioskilta, rannalle | 3. tieltä, kadulle | 4. asemalta, torille | 5. Rovaniemeltä, Raumalle

3. 1. torilta | 2. Kemijärvellä | 3. Jyväskylässä | 4. hyllylle | 5. teille, viideltä | 6. Venäjältä, Suomeen

4. 1. makuuhuoneeseen | 2. Puistokadulla | 3. rannalla | 4. pohjoiseen | 5. Tampereella | 6. Missä kaupungissa | 7. bussilla, työhön | 8. Helsingistä, Espooseen | 9. kauppatorilta | 10. kouluun

5.

D	A	C	**O**	**S**	**A**	**S**	**T**	**O**	**L**	**L**	**E**	A	J
I	R	A	H	**A**	**L**	**U**	**E**	**E**	**L**	**L**	**A**	L	A
S	X	Ä	T	**T**	U	L	E	I	G	P	M	E	J
K	**I**	**R**	**J**	**A**	**K**	**A**	**U**	**P**	**P**	**A**	**A**	**N**	B
O	B	M	A	**M**	T	I	Z	E	E	X	T	T	U
O	D	M	**S**	**A**	**A**	**R**	**E**	**S**	**S**	**A**	T	O	Ö
N	U	R	L	**S**	R	K	L	U	C	G	K	K	C
S	I	L	N	**S**	**E**	**I**	**N**	**Ä**	**L**	**T**	**Ä**	E	Ä
T	I	A	P	**A**	E	N	G	G	A	E	E	N	X
B	I	**Y**	**L**	**I**	**O**	**P**	**I**	**S**	**T**	**O**	**S**	**T**	**A**

7 Die marginalen Kasus *S. 29/30*

1. 1. valmiiksi | 2. jouluna | 3. kipeäksi | 4. iloisena | 5. lääkäriksi | 6. sunnuntaina | 7. ruotsiksi | 8. kokiksi | 9. Nuorena | 10. lääkärinä | 11. vaihto-opiskelijana

2. 1. Wir malen das Auto rot (an). | 2. Als Baby war er/sie blond, aber als Erwachsene(r) ist er/sie dunkelhaarig. | 3. Pekka hat die Prüfung ohne zu lernen bestanden. | 4. Der Wein wurde zu Wasser. | 5. Am Freitag haben sie eine wichtige Prüfung. | 6. Ich übersetze es ins Finnische. | 7. Er studiert, um Lehrer zu werden (= auf Lehramt; wörtl.: zu einem Lehrer). | 8. Gehst du heute Nacht mit mir in eine/die Bar?

3. 1. suomeksi | 2. saksaksi | 3. englanniksi | 4. ranskaksi | 5. espanjaksi | 6. ruotsiksi | 7. venäjäksi | 8. viroksi | 9. japaniksi | 10. islanniksi | 11. puolaksi | 12. latviaksi | 13. hollanniksi | 14. italiaksi | 15. tšekiksi | 16. unkariksi | 17. kroatiaksi / kroaatiksi | 18. serbiaksi?

8 Plural *S. 33/34*

1. 1. ruotsalaisia lihapullia | 2. autoilla | 3. Suomalaisilla perheillä | 4. vapaita pöytiä | 5. punaiset paidat, mustat takit | 6. ystävillesi | 7. konsertteihin

2. 1. Rouva Holopainen ostaa uusia tuoleja. | 2. Vanhemmat etsivät lapsiaan tavaratalossa. | 3. Annatteko (te) naisille lahjoja? | 4. Rakastan keltaisia ruusuja. | 5. Kuka ottaa kirjat laukusta? | 6. Pidätkö/Tykkäätkö aikakauslehdistä? | 7. Vieraat lähtevät myöhään kotiin.

3.

	kahvila	lasi	kirje	yliopisto	työ
Nominativ	kahvilat	lasit	kirjeet	yliopistot	työt
Genitiv	kahviloiden	lasien	kirjeiden	yliopistojen	töiden
Partitiv	kahviloita	lasia/laseja	kirjeitä	yliopistoja	töitä
Inessiv	kahviloissa	laseissa	kirjeissä	yliopistoissa	töissä
Elativ	kahviloista	laseista	kirjeistä	yliopistoista	töistä
Illativ	kahviloihin	laseihin	kirjeihin	yliopistoihin	töihin

4.

Ä	**T**	**O**	**L**	**A**	**T**	**I**	**K**	**K**	**R**	**A**	**P**	P
T	F	E	R	**T**	B	U	T	**A**	N	K	S	Ö
S	D	G	B	**U**	A	F	Ä	**D**	M	K	G	**R**
I	A	**R**	P	**N**	Ö	E	N	**U**	G	A	L	**E**
L	S	**I**	Ä	**N**	A	E	S	**T**	H	A	T	**N**
L	M	**S**	Ä	**E**	L	H	B	S	Ö	**P**	T	**K**
A	N	**T**	N	**L**	I	P	U	T	**Y**	F	**M**	**A**
T	K	**E**	H	**I**	N	H	K	**S**	E	Ä	**A**	**A**
Y	H	**Y**	Ä	**T**	Y	G	**Ä**	S	D	K	**T**	**T**
P	E	**K**	F	R	E	**K**	E	Y	R	A	**K**	E
Ä	F	**S**	M	Ö	**I**	F	G	Ö	L	A	**A**	N
H	**L**	**E**	**N**	**T**	**O**	**K**	**O**	**N**	**E**	**E**	**T**	N
A	G	**T**	A	D	T	Ä	E	M	T	D	F	E

kadut *die Straßen*
lentokoneet *die Flugzeuge*
matkat *die Reisen*
parkkitalot *die Parkhäuser*
pysäkit *die Haltestellen*
renkaat *die Reifen*
risteykset *die Kreuzungen*
sillat *die Brücken*
tunnelit *die Tunnel*

9 Steigerung der Adjektive *S. 38/39*

1. 1. kylmä – kylmempi – kylmin *(kalt – kälter – kälteste(r))* | 2. iso – isompi – isoin *(groß – größer – größte(r))* | 3. kallis – kalliimpi – kallein *(teuer – teurer – teuerste(r))* | 4. mielenkiintoinen – mielenkiintoisempi – mielenkiintoisin *(interessant – interessanter – interessanteste(r))* | 5. hyvä – parempi – paras *(gut – besser – beste(r))* | 6. pieni – pienempi – pienin *(klein – kleiner – kleinste(r))* | 7. vanha – vanhempi – vanhin *(alt – älter – älteste(r))* | 8. vaikea – vaikeampi – vaikein *(schwierig – schwieriger – schwierigste(r))* | 9. paksu – paksumpi – paksuin *(dick – dicker – dickste(r))* | 10. korkea – korkeampi – korkein *(hoch – höher – höchste(r))*

2. 1. helpompi – helpoin | 2. hitaampi – hitain | 3. huonompi – huonoin | 4. isompi – isoin | 5. likaisempi – likaisin | 6. lyhyempi – lyhyin | 7. pienempi – pienin | 8. pitempi – pisin | 9. suurempi – suurin | 10. vanhempi – vanhin

3. 1. Venäjä on isompi maa kuin Suomi. / Suomi on pienempi maa kuin Venäjä. | 2. Usain Bolt on nopeampi juoksija kuin Paavo Nurmi. / Paavo Nurmi on hitaampi juoksija kuin Usain Bolt. | 3. Suomi on kylmempi paikka kuin Espanja. / Espanja on lämpimämpi paikka kuin Suomi. | 4. Helsingistä Rovaniemelle on pitempi matka kuin Turusta Jyväskylään. / Turusta Jyväskylään on lyhyempi matka kuin Helsingistä Rovaniemelle.

4. 1. Pisimmällä | 2. lyhyempi | 3. vanhemmassa | 4. pienimmässä | 5. isommassa | 6. helpompi | 7. hitaammalla | 8. huonoin | 9. likaisemmat, likaisimmat | 10. suuremmasta

5. 1. likaisemman *(Gsg)*, surullisempaa *(Psg)*, iloisemmassa *(Ine Sg)* | 2. terveempi *(Nsg)*, vanhemmasta *(Ela Sg)*, lämpimämpi *(Nsg)* | 3. laihemmalla *(Ade Sg)*, rumempaa *(Psg)*, vaaleampi *(Nsg)* | 4. nuorimmat *(Npl)*, pienimmistä *(Ela Pl)*, uusimpiin *(Ill Pl)* | 5. puhtainta *(Psg)*, ahtain *(Nsg)*, kauneimpaan *(Ill Sg)*

10 Allgemeines zum Verb *S. 42/43*

1. 1. falsch – Es wird das Wort für »nicht« konjugiert und das Hauptverb folgt in endungsloser Form. | 2. falsch – Auch die Verbklasse 6 ist vom Stufenwechsel betroffen. | 3. richtig | 4. richtig | 5. richtig | 6. falsch – Die Infinitivendungen -etA und -itA können sowohl 4. als auch 5. bzw. 6. Verbklasse sein. | 7. siehe vorhergehende Antwort | 8. falsch – Das Verneinungsverb »ei« und das Verbotsverb »älä« haben keinen Infinitiv, alle anderen »richtigen« Verben schon.

2. VK 1: ampua, antaa, auttaa, ehdottaa, ehtiä, yllättää | VK 2: käydä, tupakoida | VK 3: hymyillä, ihmetellä, ommella, surra | VK 4: avata, haluta, hypätä, palata | VK 5: mainita, tarvita | VK 6: edetä, vanheta

3. 1. antaa: annan – annat – antaa – annamme – annatte – antavat | 2. käydä: käyn – käyt – käy – käymme – käytte – käyvät | 3. ommella: ompelen – ompelet – ompelee – ompelemme – ompelette – ompelevat

11 Die Verbklassen 1–3 im Präsens *S. 48/49*

1. 1. lukea: luen – luet – lukee – luemme – luette – lukevat | 2. voida: voin – voit – voi – voimme – voitte – voivat | 3. surra: suren – suret – suree – suremme – surette – surevat | 4. ajatella: ajattelen – ajattelet – ajattelee – ajattelemme – ajattelette – ajattelevat

2. 1. Anteeksi, asutteko (Te) hotellissa? | 2. Hän panee lehden pöydälle. | 3. Odotatko bussia? | 4. Syömme tänä iltana kalaa. | 5. Milloin nousette aamuisin? | 6. He vievät lapsen kouluun. | 7. Tytöt tulevat tavaratalosta. | 8. Soitan sinulle huomenna. | 9. Hän voi ostaa kakun. | 10. Puhutko myös italiaa?

3. 1. ovat | 2. juo | 3. juokset | 4. matkustaa | 5. puhu | 6. syövät | 7. asutte | 8. Ymmärrätkö, sanovat | 9. teet

4. 1. Emme etsi. | 2. Eivät jää. | 3. Ei tule. | 4. Eivät tiedä. | 5. En kuuntele. | 6. Ei aja. | 7. Eivät juttele. | 8. En lähde. | 9. Ei saa. | 10. En / Emme juo.

5. 1. työskennellä: työskentelen – työskentelet – työskentelee – työskentelemme – työskentelette – työskentelevät | 2. kuulla: kuulen – kuulet – kuulee – kuulemme – kuulette – kuulevat | 3. vaatia: vaadin – vaadit – vaatii – vaadimme – vaaditte – vaativat | 4. sopia: sovin – sovit – sopii – sovimme – sovitte – sopivat | 5. syntyä: synnyn – synnyt – syntyy – synnymme – synnytte – syntyvät | 6. organisoida: organisoin – organisoit – organisoi – organisoimme – organisoitte – organisoivat | 7. suomentaa: suomennan – suomennat – suomentaa – suomennamme – suomennatte – suomentavat | 8. ehtiä: ehdin – ehdit – ehtii – ehdimme – ehditte – ehtivät

12 Die Verbklassen 4–6 im Präsens *S. 52/53*

1. 1. harjoitella (3. VK): harjoittelen – harjoittelet – harjoittelee – harjoittelemme – harjoittelette – harjoittelevat | 2. kysyä (1. VK): kysyn – kysyt – kysyy – kysymme – kysytte – kysyvät | 3. vanheta (6. VK): vanhenen – vanhenet – vanhenee – vanhenemme – vanhenette – vanhenevat | 4. häiritä (5. VK): häiritsen – häiritset – häiritsee – häiritsemme – häiritsette – häiritsevät | 5. juoda (2. VK): juon – juot – juo – juomme – juotte – juovat | 6. istuutua (1. VK): istuudun – istuudut – istuutuu – istuudumme – istuudutte – istuutuvat | 7. hävitä (4. VK): häviän – häviät – häviää – häviämme – häviätte – häviävät

2. 1. Harjoittelemme | 2. Käyn | 3. puhuu | 4. tulee, jää | 5. Tarvitsen | 6. tekee | 7. näkyy | 8. kirjoittaa | 9. saapuu | 10. menevät

4.

1	2	3	4	5	6	7	8	9	10	11	12	13	14	15	16
2	V	A	R	A	S	T	A	N		L	Y	Ö	T	T	E
3	I		Y	L	I	T	Ä	N		A					L
4	S	Y	Ö	T	L					K				S	Ä
5	E	T	S	I	I		T			K	O	K	O	A	N
6	R		T		T		A			O				H	
7	R		Ä		Ä		R		L	I	I	M	A	A	T
8	Ä		V		T		V	A	E	L	L	A	N	A	
9	T		Ä				I		N	E				M	
10			T	U	L	E	T		N	N				M	K
11	O						S	Ä	Ä	S	T	Ä	N	E	A
12	V			M	E	N	E	M	M	E					M
13	A		L	Ä	H	D	E	M	M	E			J		P
14	T	S	A	N	O	T			E				U		A
15		U		E	S	I	T	T	E	L	E	N	O		A
16	V	I	R	T	A	A			L	Ä	H	E	T	Ä	T

13 Imperfekt S. 58/59

1. 1. myy, myi | 2. puree, puri | 3. vastaa, vastasi | 4. pimenee, pimeni | 5. herää, heräsi | 6. nousee, nousi | 7. putoaa, putosi | 8. hiihtää, hiihti | 9. vuokraa, vuokrasi | 10. kiipeää, kiipesi | 11. antaa, antoi | 12. valitsee, valitsi | 13. heikkenee, heikkeni | 14. kutsuu, kutsui | 15. hyppää, hyppäsi

2. Henna meni Kreikkaan lomalle. Lento meni hyvin ja Henna saapui hotelliin. Henna meni Kreikkaan, koska siellä oli aurinkoinen sää ja hän piti paljon uimisesta ja sukeltamisesta. Hän asui hotellissa, joka sijaitsi pienellä saarella. Illalla hän lähti hotellista kaupungin keskustaan ja osti muutamia tavaroita. Seuraavana päivänä hän meni laivalla toiselle saarelle. Viikon jälkeen hän palasi kotiin.

3. 1. Äiti ei laittanut ruokaa. | 2. Marja ei mennyt ostoksille. | 3. Tytöt eivät lähteneet kouluun. | 4. En odottanut sinun vastaavan minulle. | 5. Minun ei täytynyt tehdä kotitehtäviä. | 6. Opettaja ei auttanut minua. | 7. Jänikset eivät asuneet metsässä. | 8. Isä ei kertonut lapsille kuninkaasta ja prinsessasta.

4. 1. vanheta | 2. haluta | 3. tavata | 4. leikkiä | 5. laittaa | 6. tarjota | 7. palata | 8. verrata | 9. maksaa | 10. huomata | 11. pelätä | 12. tulla | 13. osata | 14. häiritä

14 Perfekt und Plusquamperfekt S. 62/63

1. 1. Emme nousseet ... | 2. Emme tulleet ... | 3. En antanut sinulle rahaa. | 4. En ostanut vielä uutta autoa. | 5. En kertonut äidilleni ... | 6. Emme opiskelleet ... | 7. En syönyt grillipihviä. | 8. Emme juoneet ... | 9. En avannut ikkunaa / sitä. | 10. Hän ei käynyt saunassa.

2. 1. on asunut | 2. eivät ole käyneet | 3. on tullut | 4. Olemme syöneet | 5. ovat tavanneet | 6. Emme ole kirjoittaneet | 7. on muuttanut | 8. ei ole saapunut | 9. on maannut, (on) nukkunut | 10. ei ole löytänyt

3. 1. Mies on kuollut tänä aamuna. | 2. Ostimme talon, sen jälkeen kun olimme verranneet hintoja. | 3. Meidän täytyi myydä sänky. | 4. Meillä ei ollut enää rahaa. | 5. Sateinen sää jatkui. | 6. Olin päättänyt mennä junalla Helsinkiin. | 7. Lapset leikkivät ulkona ja aikuiset keskustelivat sisällä.

4. Präsens: (minä) en laula, hän opiskelee, (me) lähdemme, he eivät rakasta | Imperfekt: hän matkusti, (sinä) et tarvinnut, (te) asuitte, (me) emme juoneet | Perfekt: (me) olemme ostaneet, (sinä) et ole laulanut, hän on ajatellut, he eivät ole antaneet | Plusquamperfekt: (te) olitte syöneet, (minä) en ollut soittanut, (minä) olin ollut, (sinä) et ollut käynyt

15 Zum Gebrauch der Zeiten S. 65/66

1. 1. ovat asuneet, asuvat | 2. lensi / on lentänyt | 3. tulin, oli ... lähtenyt | 4. Oli satanut, saavuimme | 5. Olemme tilanneet, emme ole saaneet | 6. oli mennyt naimisiin, tiesivät | 7. tulin, oli ... lähtenyt | 8. Emme päättäneet, olimme keskustelleet

2. 1. Hän on oppinut huomiseksi. | 2. He olivat auttaneet sinua. | 3. Me emme olleet menneet kirjastoon. | 4. En kysynyt opettajalta läksyjä. | 5. Eva on soittanut minulle. | 6. He eivät olleet kotona. | 7. En löytänyt avainta kaapista. | 8. Te ette olleet viime vuonna Virossa. | 9. Maja ei ollut koulussa tänä aamuna. | 10. He olivat syöneet paljon.

3. Eilen tapasin Pekan tavaratalossa. Hän on asunut Hampurissa monta vuotta. Olin tutustunut häneen, ennen kuin tunsin Juhan. Silloin hän oli kirjailija. Nyt hän työskentelee koulussa, mutta ensi vuonna hän ei työskentele enää. Ennen hänellä ei ollut lapsia, nyt hänellä on neljä tyttöä. Kerroin hänelle, että olin Espanjassa viime kuussa. Hän ei vielä koskaan ole ollut Espanjassa, mutta ensi vuonna hän matkustaa Etelä-Amerikkaan.

4. 1. Hän on soittanut. Hän soitti, kun olin kotona. | 2. Olen lähettänyt. Lähetin sen, kun olin kaupungissa. | 3. Olemme saaneet. Saimme ne kurssin jälkeen. | 4. Olen siivonnut. Siivosin sen sunnuntaina äidin kanssa. | 5. Olen ostanut. Ostin ne, kun olin kauppakeskuksessa. | 6. Olemme käyneet. Kävimme teatterissa eilen illalla. | 7. Olen käynyt. Kävin siellä viime talvena. | 8. Hän on nähnyt. Hän näki sen, kun hän oli meidän luonamme. | 9. Olen kuunnellut. Kuuntelin radiota, kun ajoin autoa. | 10. Olemme olleet. Olimme lomalla, kun meillä oli vapaata.

16 Konditional *S. 68/69*

1. Jos minulla olisi rahaa, ostaisin ison auton. Lisäksi ostaisin suuren talon Malibusta. Matkustaisin maailman ympäri ja söisin koko ajan hummeria. Jos osaisin kirjoittaa hyvin, minusta tulisi kirjailija ja saisin Nobelin kirjallisuuspalkinnon.

2. 1. haluaisit | 2. ostaisitte … olisi | 3. Tietäisit … olisit lukenut | 4. tekisit … olisi | 5. olisi mennyt … olisi voittanut | 6. tulisi | 7. saisi | 8. Haluaisin | 9. Minun pitäisi | 10. Auttaisitko | 11. Voisitteko | 12. Kääntäisitkö

3. 1. Jos olisin rikas, ostaisin kesämökin. | 2. Menisin lomalle, jos minulla olisi rahaa. | 3. Jos minulla olisi aikaa, opiskelisin unkaria. | 4. Rakastaisitko minua myös, jos en olisi rikas? | 5. Menisin uimaan, jos olisi kesä. | 6. En olisi ostanut kalliita kenkiä. | 7. Jos olisin nuori, opiskelisin suomea. | 8. Olisin mennyt teatteriin (sinun) kanssasi, jos en olisi tavannut Mattia.

4. 1. Wohin würdest du reisen wollen? | 2. Was würdet ihr kaufen, wenn ihr viel Geld hättet? | 3. Du wüsstest, wie es funktioniert, wenn du die Gebrauchsanweisung gelesen hättest. | 4. Was tätest du, wenn du Zeit hättest? | 5. Herr Virtanen wäre in Urlaub gefahren, wenn er beim Fernsehquiz »Wer wird Millionär« gewonnen hätte. | 6. Ich bekomme (bitte) zwei Cheeseburger und eine kleine Cola. | 7. Was darf es sein? | 8. Ich hätte gerne zwei Karten für Erwachsene, bitte. | 9. Ich müsste das noch machen, aber ich kann nicht mehr. | 10. Würdest du mir helfen? | 11. Könntet ihr/Könnten Sie [mir] sagen, wo es hier eine Toilette gibt? | 12. Würdest du mir den Text übersetzen?

17 Impersonal Präsens *S. 72/73*

1. 1. Mennään Espooseen! | 2. Kysytään ensin heiltä! | 3. Vietetään joululoma Rovaniemellä! | 4. Kirjoitetaan postikortit! | 5. Lähdetään Petterin kanssa elokuviin! | 6. Avataan ikkuna! | 7. Tavataan huomenna kello kuusi! | 8. Opitaan suomea! | 9. Lauletaan lauluja! | 10. Tehdään matka!

2. 1. tavataan ... Sanotaanko | 2. pelata | 3. Lauletaan | 4. myydä | 5. juodaan | 6. pestä | 7. Pestään | 8. suljetaan | 9. Sanotaan | 10. vanhetaan | 11. otetaan | 12. sekoitetaan | 13. puhutaan | 14. kirjoitetaan | 15. lueta | 16. Maksetaanko

3. 1. Mennään kotiin! | 2. Puhutaanko täällä saksaa? | 3. Täällä ei saa polttaa/tupakoida | 4. Auto pestään. | 5. Tuolla tarkistetaan moottori.

18 Impersonal Imperfekt und Perfekt *S. 75/76*

1. 1. Täällä tehtiin paljon työtä. | 2. Viime marraskuussa matkustettiin Riikaan. | 3. Maitoa ei ostettu. | 4. Lasku maksettiin. | 5. Auto on pesty. | 6. Joulupukkia odotettiin. | 7. Avainta ei ole löydetty. | 8. Iltaisin käytiin ... | 9. Viime syksynä vuokrattiin mökki Suomesta. | 10. Aamulla saavuttiin Helsinkiin.

2. 1. löydettiin | 2. annettiin | 3. kerrottiin | 4. tehtiin | 5. remontoitiin | 6. kiellettiin | 7. laulettiin | 8. rakennettiin | 9. oltiin | 10. aloitettiin

3. Imp. Präsens: rakastetaan, ei puhuta, ajatellaan, ei voida | Imp. Imperfekt: pelättiin, ei ostettu, ei odotettu, syötiin | Imp. Perfekt: on myyty, ei ole saatu, on nukuttu, ei ole matkustettu | Imp. Plusquamperfekt: oli tultu, ei ollut noustu, oli luettu, ei ollut opiskeltu

4. 1. on löydetty | 2. on annettu | 3. on kerrottu | 4. on tehty | 5. on remontoitu | 6. on kielletty | 7. on laulettu | 8. on rakennettu | 9. on oltu | 10. on aloitettu

19 Infinitiv I und II *S. 80/81*

1. lukea: lukeakse(ni) – lukiessa – luettaessa | tuoda: tuodakse(ni) – tuodessa – tuotaessa | verrata: verratakse(ni) – verratessa – verrattaessa | purra: purrakse(ni) – purressa – purtaessa | nähdä: nähdäkse(ni) – nähdessä – nähtäessä | olla: ollakse(ni) – ollessa – oltaessa | tietää: tietääkse(ni) – tietäessä – tiedettäessä | hypätä: hypätäkse(ni) – hypätessä – hypättäessä

2. *Hän kävi ... ostaakseen ...* | *Minä kävin ... ostaakseni ...* | *Me kävimme ... ostaaksemme ...* | *Sinä kävit ... ostaaksesi ...* | *He kävivät ... ostaakseen ...* || postissa – postimerkin/postimerkkejä | ruokakaupassa – hedelmiä | urheiluliikeessä – jalkapallon | putiikissa – puvun | kioskilla – tupakkaa | leipomossa – leivän/leipää | apteekissa – tabletteja | optikolla – silmälasit

3. 1. ostaaksemme | 2. auttaa | 3. tulla | 4. ajaa | 5. satamasta

4. Infinitiv I kurz: tunte-a, ui-da, nous-ta | Infinitiv I lang: tunte-a-kse, ui-da-kse, nous-ta-kse | Infinitiv II Aktiv: tunti-e-ssa, uid-e-ssa, noust-e-ssa | Infinitiv II Impersonal: tunne-tta-e-ssa, ui-ta-e-ssa, nous-ta-e-ssa | Infinitiv II im Instruktiv: tunti-e-n, uid-e-n, noust-e-n

5. 1. *Das Kind sah lachend einen Film.* – Lapsi katsoi elokuvaa/filmiä nauraen. | 2. *Wir sprachen fluchend über die Schule.* – Puhuimme koulusta kiroillen. | 3. *Der Mann antwortete weinend.* – Mies vastasi itkien. | 4. *Die Frauen warteten Musik hörend an der Haltestelle.* – Naiset odottivat pysäkillä kuunnellen musiikkia.

20 Infinitiv III (*ma*-Infinitiv) *S. 84/85*

1. 1. Sihteeri on toimistossa kirjoittamassa kirjettä. | 2. Pankkijohtaja on pankissa sanelemassa maksumuistutusta. | 3. Kokki on keittiössä laittamassa ruokaa. | 4. Insinööri on tehtaassa keksimässä uutta konetta. | 5. Lääkäri on sairaalassa tutkimassa potilasta. | 6. Tarjoilija on ravintolassa tarjoilemassa jälkiruokaa. | 7. Leipuri on leipomossa leipomassa piirakoita.

2. 1. juomaan | 2. uimasta | 3. katsomaan | 4. puhumalla | 5. odottamassa | 6. nukkumaan | 7. maksamatta | 8. katsomassa | 9. satamasta | 10. syömässä

3. 1. Kalle tuli hiihtämästä. – Kalle meni hiihtämään. | 2. Äitini tuli juomasta kahvia. – Äitini meni juomaan kahvia. | 3. Tulit uimasta. – Menit uimaan. | 4. Tulimme lenkkeilemästä. – Menimme lenkkeilemään. | 5. Poika tuli pyöräilemästä. – Poika meni pyöräilemään. | 6. Tulin kalastamasta. – Menin kalastamaan. | 7. Hän tuli nukkumasta. – Hän meni nukkumaan.

21 Verbalnomen *S. 87/88*

1. 1. puhuminen – *das Sprechen* | 2. valitseminen – *das (Aus-)Wählen* | 3. pysäköiminen – *das Parken* | 4. syöttäminen – *das Füttern* | 5. lukeminen – *das Lesen* | 6. vanheneminen – *das Altern* | 7. heittäminen – *das Werfen* | 8. ostaminen – *das Kaufen* | 9. juominen – *das Trinken* | 10. matkustaminen – *das Reisen* | 11. pitäminen – *das Mögen* | 12. laittaminen – *das Stellen/Legen* | 13. erehtyminen – *das Irren* | 14. luisteleminen – *das Schlittschuhlaufen* | 15. marjastaminen – *das Beerensuchen* | 16. syöminen – *das Essen* | 17. käveleminen – *das (zu Fuß) Gehen* | 18. uiminen – *das Schwimmen*

2. 1. Matkustaminen on opettavaista. | 2. Opiskeleminen on rasittavaa. | 3. Lukeminen on mielenkiintoista. | 4. Asunnon siivoaminen on ärsyttävää. | 5. Työskenteleminen on rasittavaa.

3. 1. Kirjeen kirjoittaminen on hauskaa. | 2. Kesästä nauttiminen on hauskaa. | 3. Ystävien tapaaminen on hauskaa. | 4. Läksyjen tekeminen on tärkeä(t)ä. | 5. Ajoissa nouseminen aamulla on tärkeä(t)ä. | 6. Koulussa käyminen on tärkeä(t)ä.

4. 1. Minusta aikaisin nouseminen ei ole hauskaa. | 2. Meistä nukkuminen on hauskaa. | 3. Emme pidä odottamisesta. | 4. Hänestä polkupyörällä ajaminen on hauskaa. | 5. Et pidä junalla matkustamisesta.

22 Unpersönliche Verben und die *habeo*-Konstruktion *S. 91/92*

1. 1. Wir müssen aus der U-Bahn aussteigen. | 2. Matti muss (weg)gehen. | 3. Er/Sie musste noch bei der Arbeit bleiben. | 4. Sie mussten abwaschen. | 5. Muss/Soll ich nach links oder nach rechts abbiegen? | 6. Pekka musste Geld wechseln. | 7. Die Kinder müssen/sollen in den Kindergarten gehen. | 8. Ihr müsst / Sie müssen sofort nach Hause kommen.

2. 1. Minun täytyy tehdä tämä harjoitus. | 2. Sinun täytyy mennä lomalle lentokoneella. | 3. Hänen täytyy mennä lääkärille. | 4. Joonaksen täytyy mennä kouluun. | 5. Meidän ei täydy / ei tarvitse maksaa sakkoa. | 6. Sinun ei täydy / ei tarvitse olla vankilassa.

3. 1. Meidän ei tarvitse nousta metrosta. | 2. Matin ei tarvitse lähteä. | 3. Hänen ei tarvinnut jäädä enää töihin. | 4. Heidän ei tarvinnut tiskata. | 5. Eikö minun tarvitse kääntyä vasemmalle tai oikealle? | 6. Pekan ei tarvinnut vaihtaa rahaa. | 7. Lasten ei tarvitse käydä lastentarhassa. | 8. Teidän ei tarvitse tulla heti kotiin.

4. 1. Minun täytyy/pitää lähteä töihin. | 2. Minun täytyy/pitää soittaa Pekalle. | 3. Minun täytyy/pitää antaa vaimolle kukkia. | 4. Sinun täytyy/pitää lukea tämä artikkeli. | 5. Minun täytyy/pitää ostaa lahja. | 6. Minun täytyy/pitää ajaa metrolla keskustaan. | 7. Minun täytyy/pitää ottaa lääkettä. | 8. Minun täytyy/pitää laittaa tänään ruokaa.

5. 1. Jarkolla on kuumetta. | 2. Marialla on kaksi siskoa ja (yksi) veli. | 3. Onko Teillä lapsia? | 4. Meillä on poika ja tytär. | 5. Hänellä ei ole takkia, mutta hänellä on pusero.

23 Partizipien *S. 97/98*

1. 1. Tippuva vesihana häiritsee isää. | 2. Ostamme luettavia kirjoja. | 3. En tunne leikkivää tyttöä. | 4. Kuiskaava poika istuu viimeisellä rivillä. | 5. Rakastan remontoitavaa kirkkoa. | 6. He jäivät suljettavaan uimahalliin. | 7. Pestävä auto on hyvin vanha.

2. soittaa: soitettu – soitetun – soitettua – soitetussa – soitetusta – soitettuun – soitetulla – soitetulta – soitetulle – soitetuksi – soitettuna | syödä: syöty – syödyn – syötyä – syödyssä – syödystä – syötyyn – syödyllä – syödyltä – syödylle – syödyksi – syötynä | tehdä: tehty – tehdyn – tehtyä – tehdyssä – tehdystä – tehtyyn – tehdyllä – tehdyltä – tehdylle – tehdyksi – tehtynä | haluta: haluttu – halutun – haluttua – halutussa – halutusta – haluttuun – halutulla – halutulta – halutulle – halutuksi – haluttuna

3. 1. Tyttö istuu pöydällä. Tyttö soittaa ystävälle. – Ystävälle soittava tyttö istuu pöydällä. | 2. Tapaan Leenan. Leena nauraa. – Tapaan nauravan Leenan. | 3. Mika puhuu miehen kanssa. Mies lukee lehteä. – Mika puhuu lehteä lukevan miehen kanssa. | 4. Rakastatko naista? Nainen tanssii. – Rakastatko tanssivaa naista? | 5. He soittavat naapurille. Naapuri nukkuu. – He soittavat nukkuvalle naapurille.

4. 1. tulleita – Die Mutter begrüßte die zu Besuch gekommenen Gäste. | 2. rakennettu – Das Haus ist in den 60er Jahren gebaut worden. | 3. rakennetussa – Das Café ist in einem in den 60er Jahren gebauten Haus. | 4. ajaneessa, sinutellut – In dem Auto, das auf den Hof gefahren war, saß der Mann, der mich duzte. (wörtl.: In dem auf den Hof gefahrenen Auto saß der mich geduzte Mann.) | 5. sovitun – Er/Sie kam eine Stunde nach der verabredeten Zeit. | 6. myyty – Das Auto ist zu einem günstigen Preis verkauft worden. | 7. siivottu – Die Wohnung ist geputzt worden.

24 Imperativ *S. 101/102*

1. avata: avaa!, avatkaa!, *öffnen* | laittaa: laita!, laittakaa!, *stellen, legen* | lähettää: lähetä!, lähettäkää!, *schicken* | täydentää: täydennä!, täydentäkää!, *ergänzen* | antaa: anna!, antakaa!, *geben* | pestä: pese!, peskää!, *waschen* | syödä: syö!, syökää!, *essen*

2. 1. No, juo viiniä! / Älä juo viiniä! | 2. No, menkää teatteriin! / Älkää menkö teatteriin! | 3. No, lue tämän päivän lehti! / Älä lue tämän päivän lehteä! | 4. No, matkustakaa sinne bussilla! / Älkää matkustako sinne bussilla! | 5. No, opiskele yliopistossa! / Älä opiskele yliopistossa! | 6. No, puhukaa suomea! / Älkää puhuko suomea! | 7. No, kirjoita ystävälle kirje! / Älä kirjoita ystävälle kirjettä! | 8. No, olkaa rauhassa! / Älkää olko rauhassa!

3. 1. Älä pelkää! | 2. Tee, kuten sanon! | 3. Tulkaa tänne! | 4. Istuutukaa! | 5. Anna minulle käsi! | 6. Olkaa hyvä! | 7. Älkää avatko ikkunaa! | 8. Anna pusu! | 9. Älä syö niin nopeasti! | 10. Tee läksyt / läksysi!

4.

Ä	R	L	V	Y	N	**S**	**U**	**L**	**J**	**E**	T	U
L	**L**	**U**	**E**	T	Y	O	B	**Ä**	Ä	H	Ä	N
Y	E	**K**	S	U	O	M	I	**H**	A	R	I	S
L	V	I	**Ä**	A	Y	U	**V**	**E**	**D**	**Ä**	K	Ö
Ä	Y	L	L	**Ä**	A	S	U	**T**	H	A	H	A
M	I	R	S	Y	**T**	**J**	I	**Ä**	M	**A**	U	S
O	K	**S**	**Y**	**Ö**	T	**U**	R	N	U	**J**	**Ä**	**Ä**
H	E	N	D	L	U	**O**	**L**	**K**	**A**	**A**	N	U
O	L	L	A	I	T	D	Y	**K**	Ä	**T**	T	Ä
M	A	L	**A**	**V**	**A**	**A**	T	O	**O**	**T**	**A**	N
E	Ä	N	L	I	Y	D	H	U	V	**E**	**N**	M
N	**Ä**	**Y**	**T**	**Ä**	K	Y	L	J	Ö	**L**	**N**	I
E	K	U	Ö	K	I	J	Ä	R	R	**E**	**A**	P

alkää tulko
sulje
lähetä
lue
vedä
juo
ajattele
syö
jää
olkaa
mene
avaa
ota
anna
näytä

25 Personalpronomen *S. 105/106*

1. 1. häneen | 2. häntä | 3. hänestä, hänellä | 4. hänelle, häntä | 5. hän, minusta | 6. hänelle | 7. minulla | 8. minulle

2. 1. Rakastaako hän häntä (naista / tyttöä / äitiä ...)? – *nach Möglichkeit wird ein Aufeinanderfolgen von verschiedenen Personalpronomen der 3. Pers. Sg vermieden* | 2. Miksi hän rakastaa häntä eikä sinua? | 3. Uskaltaako hän sanoa hänelle, että hän rakastaa häntä? | 4. Sanooko hän hänelle (naiselle / tytölle / äidille), että hän rakastaa häntä? | 5. Rakastaako hän myös häntä (miestä / poikaa / isää)? | 6. Ostaako hän lahjan hänelle? | 7. Onko hänellä rahaa? | 8. Lainaako hän rahaa häneltä? | 9. Pidätkö tästä tarinasta? | 10. Miten tarina loppuu?

3. 1. Hän, heille | 2. He, hänelle | 3. (Me) | 4. Hän, siitä | 5. teitä | 6. teille | 7. He

4. 1. sinua, minua | 2. häntä, sinusta | 3. häntä, minua, häntä, hänestä

5. 1. Kyllä, haluamme sen. / Emme halua sitä. | 2. Kyllä, haluan sen. / En halua sitä. | 3. Kyllä, haluamme sen. / Emme halua sitä. | 4. Kyllä, haluan ne. / En halua niitä. | 5. Kyllä, haluan sen/sitä. / En halua sitä. | 6. Kyllä, haluamme sen/sitä. / Emme halua sitä.

26 Possessivpronomen und -suffixe *S. 109/110*

1. 1. (minun) autossani | 2. (meidän) talostamme | 3. (minun) isälleni | 4. hänen pöydällään | 5. hänen käsilaukkunsa | 6. (minun) siskoni | 7. (hänen) asunnossaan | 8. (meidän) vanhempamme | 9. (minun) kultani | 10. maamme laulu

2. 1. talostamme | 2. minun perheeni | 3. hänen osoitteensa | 4. lompakkosi | 5. punainen lamppuni | 6. housuissani (*weil housut im Plural steht*) | 7. minun veljeni | 8. hänen isänsä | 9. hänen koulussansa, hänen koulussaan | 10. Annan laukku

3. *deine Mutter* – äitisi | *unsere Freunde* – ystävämme | *ihr Vater* – hänen isänsä | *unsere Wohnung* – asuntomme | *unsere Schuhe* – kenkämme | *in seinem Haus* – hänen talossaan | *meine Hose* – housuni | *ihr langer Brief* – hänen pitkä kirjeensä | *seine (feste) Freundin* – hänen tyttöystävänsä | *ihre (Pl) Kinder* – heidän lapsensa | *unser Sohn* – poikamme | *Ihre (Sg) Kinder* – hänen lapsensa | *mit deinem Schlüssel* – avaimellasi | *aus seinem Buch* – hänen kirjastaan | *in ihrer Handtasche* – hänen käsilaukussaan | *meine Schwester* – siskoni | *in unser Zimmer hinein* – huoneeseemme | *in deiner Schublade* – laatikossasi | *sein Getränk* – hänen juomansa | *in meiner großen Schachtel* – isossa laatikossani

4. 1. Menen (sinun) kanssasi. | 2. (Meidän) vanhempamme tulevat käymään. | 3. (Minun) isäni tietokone on rikki. | 4. Pidän (sinun) koirastasi. | 5. En löydä (minun) avaimiani. | 6. Grillaamme hänen puutarhassaan. | 7. Hänellä on (minun) kenkäni jalassa. | 8. Kiitos (sinun) avustasi.

27 Demonstrativ- und Interrogativpronomen *S. 113/114*

1. 1. Tämä on suomalainen sauna. | 2. Sinä vuonna satoi paljon. | 3. Tämän ongelman tunnen jo. | 4. Keitä nuo miehet ovat? | 5. Hän sanoi, että nämä talot ovat hyvin kauniita. | 6. Mistä olet ostanut tämän mekon? | 7. Nuo sanakirjat ovat opiskelijoiden. | 8. Tunnetko tämän rakennuksen?

2. 1. mitään/missään | 2. mistään | 3. mitään | 4. mihinkään | 5. mitään

3. tätä – näitä | tuosta – noista | tällä – näillä | tuon – noiden | tälle – näille | tuona – noina | tässä – näissä | tuolta – noilta

4. 1. ketään | 2. kenestäkään | 3. kenellekään | 4. keneenkään | 5. kenellekään

5. 1. Ei sada vettä, mutta ei luntakaan. | 2. Hän ei osaa englantia, mutta ei ruotsiakaan. | 3. Tyttö ei ole kaunis, mutta ei rumakaan. | 4. En pidä oluesta, mutta en viinistäkään. | 5. Et ollut Suomessa, mutta et Saksassakaan.

28 Indefinit- und Relativpronomen *S. 117/118*

1.

Kasus	jokin		joku	
	Singular	Plural	Singular	Plural
Nominativ	jokin	jotkin	joku	jotkut
Genitiv	jonkin	joidenkin	jonkun	joidenkuiden
Partitiv	jotakin	joitakin	jotakuta	joitakuita
Inessiv	jossakin	joissakin	jossakussa	joissakuissa
Elativ	jostakin	joistakin	jostakusta	joistakuista
Illativ	johonkin	joihinkin	johonkuhun	joihinkuihin
Adessiv	jollakin	joillakin	jollakulla	joillakuilla
Ablativ	joltakin	joiltakin	joltakulta	joiltakuilta
Allativ	jollekin	joillekin	jollekulle	joillekuille
Essiv	jonakin	joinakin	jonakuna	joinakuina
Translativ	joksikin	joiksikin	joksikuksi	joiksikuiksi

2. 1. Jemand öffnete die Tür. | 2. Ich traf jemanden, den ich mag. | 3. Ich möchte jemanden anrufen.

3. 1. Joku | 2. jossakin | 3. joitakin | 4. joltakulta | 5. jonkin | 6. joitakuita | 7. joitakin | 8. jotakin | 9. joistakin

4. 1. Juna, josta siskoni nousee, on myöhässä. | 2. Liisa ostaa keksejä, joista hänen ystävänsä pitää. | 3. Tunnetteko sarjan, jota katsomme televisiosta? | 4. Mustikat, joita syömme, olivat hyvin kalliita. | 5. Matkustatko kaupunkiin, jossa (sinun) vanhempasi asuvat? | 6. Olkaa hyvä ja avatkaa kirjat, jotka ostitte viime viikolla. | 7. Hanna tapaa pojan, jolle hän on kirjoittanut rakkauskirjeen. | 8. Kuka haluaa lukea lehden, jota Johanna ei lue?

5. 1. joka | 2. joita | 3. jolla | 4. josta | 5. jonka | 6. jossa | 7. jotka | 8. joka

29 Post- und Präpositionen *S. 120/121*

1. 1. Tori on vastapäätä kirjakauppaa / kirjakauppaa vastapäätä. | 2. Kirja on kaapin alla. | 3. Martti on Liisan luona. | 4. Tiistaista lähtien olemme laihdutuskuurilla. | 5. Elisa on vielä kesäkuuhun asti Suomessa.

2. 1. pöydän edessä | 2. sohvan vieressä | 3. pöydällä / pöydän päällä | 4. pöydän takana | 5. Ikkunan edessä | 6. seinällä | 7. Sohvalla | 8. ikkunan lähellä | 9. pöydän alla | 10. Takan edessä

3. 1. En voi maksaa ilman rahaa. | 2. Tavataan kirjastoa vastapäätä / vastapäätä kirjastoa! | 3. Haluamme muuttaa Helsingin lähelle. | 4. Aurinko paistaa ikkunan läpi. | 5. Torstaista lähtien menen Suomen kurssille. | 6. Menette keskustan kautta Puistokadulle asti. | 7. Meidän täytyy suorittaa tentti ennen lomaa. | 8. Tänä iltana olemme kaikki Matin luona. | 9. He telttailivat metsän keskellä. | 10. Tuletko tanssimaan (minun) kanssani? |

30 Zeitangaben S. 124

1. 1. Tällä viikolla | 2. Sunnuntaina / Sunnuntaisin | 3. viikonloppuna | 4. joka vuosi | 5. Jouluna | 6. maanantaista, perjantaihin | 7. Talvella, tänä talvena | 8. Viime yönä | 9. maanantaista, sunnuntaihin | 10. Missä kuussa

2. 1. Viime kesänä olimme Italiassa. | 2. Olitteko Te toissa päivänä Vaasassa? | 3. Aamuisin he katsovat usein televisiota. | 4. Hän menee kuukaudeksi vanhempiensa luo maalle. | 5. Liisan syntymäpäivä on lokakuussa. | 6. Minulla on tällä viikolla vapaata perjantaina. | 7. Keväällä lumi sulaa. | 8. Itsenäisyyspäivänä Suomen lippu nostetaan salkoon. | 9. Perjantaista lähtien en ole enää polttanut. | 10. (Minun) Naapurini herätyskello soi aamusta iltaan.

3. 1. Pääsiäisenä | 2. Aamuisin / Aamulla | 3. Lauantaisin / Lauantaina | 4. Joulukuussa | 5. Sunnuntaina illalla | 6. Vuonna 1989

31 Grundzahlen S. 128

1. neljätoista | seitsemänkymmentäkahdeksan | kaksisataaneljätoista | viisisataaviisikymmentäkahdeksan | yhdeksäntuhatta neljäsataakuusikymmentäseitsemän | kolmekymmentäkahdeksantuhatta seitsemänsataaseitsemänkymmentä | satakaksikymmentäseitsemäntuhatta kaksisataaneljäkymmentäseitsemän | kolmesataakolmekymmentäkahdeksantuhatta neljäsataakolmekymmentäkaksi

2. 59 | 94 | 387 | 643 | 711 | 1982 | 13 459 | 2 658 724

3. 3 + 6 = 9 | 3 x 5 = 15 | 6 x 9 = 54 | 5 x 5 = 25 | 7 + 17 = 24 | 19 – 17 = 2 | 8 + 2 = 10 | 34 – 17 = 17 | 15 – 4 = 11

4. 1. kahta | 2. kuuteen | 3. viidelle | 4. Kahdenkymmenen | 5. sataakymmentä | 6. Kahdeksassa | 7. kahdella

32 Ordnungszahlen S. 131

1. 1. kahdeksas joulukuuta tuhatkahdeksansataakuusikymmentäviisi | 2. yhdestoista toukokuuta tuhatyhdeksänsataaseitsemänkymmentäseitsemän | 3. yhdestoista maaliskuuta tuhatyhdeksänsataakuusikymmentäseitsemän | 4. kahdeskymmeneskahdes / kahdeskymmenestoinen marraskuuta tuhatyhdeksänsataaseitsemänkymmentäkuusi | 5. seitsemästoista heinäkuuta tuhatyhdeksänsataakuusikymmentäkolme | 6. neljäs huhtikuuta tuhatyhdeksänsataaviisikymmentäseitsemän | 7. kahdeskymmeneskahdeksas syyskuuta tuhatyhdeksänsataakuusikymmentäkahdeksan

2. 1. kolmannella tunnilla | 2. viidenteen riviin | 3. kahdeksannella luokalla | 4. kuudennelle luukulle | 5. ensimmäistä kertaa | 6. kolmannen oven takana | 7. kahdeskymmenes kuuntelija | 8. sadannen päivän jälkeen | 9. viidestuhannes eläin

3. 1. Kolmas | 2. toinen | 3. kymmenettä | 4. kahdeskymmeneskahdeksas | 5. ensimmäinen | 6. tuhannetta

33 Die substantivische Form der Zahlen S. 132

1. 1. Olemme olleet tänään jo viidessätoista kaupassa. | 2. Meidän täytyy / pitää mennä ykkösellä (= linja-autolla numero yksi) ja nelosella (= linja-autolla numero neljä). | 3. Hän on opiskellut neljässä yliopistossa. | 4. He ovat kotona kolmessa maassa. | 5. Pitävätkö he viidestä uudesta kissastaan? | 6. Olen tutustunut tänään jo kymmeneen ihmiseen. | 7. Talossa on kahdeksan ikkunaa ja kolme ovea. | 8. Ostimme [yhden] takin, kaksi paitaa ja kahdet housut. | 9. En löytänyt tätä sanaa kahdesta sanakirjasta, vasta kolmannesta. | 10. Hänellä on enää vain yhdeksän sormea.

Finnisch-deutsches Vokabelverzeichnis

Die Wörterverzeichnisse umfassen alle wesentlichen Vokabeln aus dem Übungsbuch. Um die verschiedenen Formen eines Wortes besser ableiten zu können, werden bei den nominalen Wortarten die vier wichtigsten Deklinationsformen (Nominativ Sg, Genitiv Sg, Partitiv Sg, Partitiv Pl) und bei den Verben der Infinitiv, die 1. Pers. Sg Präsens und Imperfekt sowie das Partizip Perfekt Aktiv Sg angegeben. Mit einem Bindestrich versehene Endungen werden an das Ausgangswort angehängt, mit einem vertikalen Strich (|) abgetrennte Endungen in diesem werden durch die danach folgenden ersetzt. Bei den Verben wird zudem die jeweilige Verbklasse (*V1–V6*) gegeben.

A

aamiaiseksi zum Frühstück
aamu, -n, -a, -ja Morgen
aamuisin morgens
aamulla am Morgen
aamupala, -n, -a, aamupaloja Frühstück
aikaisin *Adv* früh
aikakaus|lehti, -lehden, -lehteä, -lehtiä Zeitschrift
aikui|nen, -sen, -sta, -sia Erwachsene(r)
aina immer
ajaa , ajan, ajoin, ajanut *V1* fahren
ajatella , ajattelen, ajattelin, ajatellut *V3* denken
ajoissa *Adv* pünktlich
alkaa, alan, aloin, alkanut *V1* beginnen
alkoholi, -n, -a Alkohol
alla unter
alue, -en, -tta, -ita Gebiet
ammatiltaan *(Possessivsuffix je nach Pers.)* von Beruf
ampua , ammun, ammuin, ampunut *V1* schießen
antaa, annan, annoin, antanut *V1* geben
anteeksi Entschuldigung
apteekki, apteekin, -a, apteekkeja Apotheke
apu, avun, -a Hilfe
artikkeli, -n, -a, artikkeleita Artikel
arvokas, arvokkaan, -ta, arvokkaita wertvoll
asema, -n, -a, asemia Bahnhof
asia, -n, -a, asioita Sache
askel, -en, -ta, -ia Schritt
asti bis (zu)
asua, asun, asuin, asunut *V1* wohnen
asunto, asunnon, -a, -ja Wohnung
auki geöffnet, offen
aurinko, auringon, -a, -ja Sonne
aurinkoi|nen, -sen, -sta, -sia sonnig
auto, -n, -a, -ja Auto
auttaa, autan, autoin, auttanut *V1* helfen
avain, avaimen, -ta, avaimia Schlüssel
avata, avaan, avasin, avannut *V4* öffnen

B

baari, -n, -a, baareja Bar
banaani, -n, -a, banaaneja Banane
bussi, -n, -a, busseja Bus
bändi, -n, -ä, bändejä Band

E

edessä vor
edetä, etenen, etenin, edennyt *V6* vorankommen
edustaa, edustan, edustin, edustanut *V1* vertreten
ehdottaa, ehdotan, ehdotin, ehdottanut *V1* vorschlagen

ehtiä, ehdin, ehdin, ehtinyt *V1* zeitlich schaffen
ei … enää nicht mehr, kein
ei … koskaan nie
ei … kukaan niemand
ei … mikään/mitään nichts, kein
ei … myöskään auch nicht
eilen gestern
elokuu, -n, -ta, elokuita August
elokuva, -n, -a, elokuvia Film
eläin, eläimen, -tä, eläimiä Tier
elämä, -n, -ä Leben
elää, elän, elin, elänyt *V1* leben
enemmän mehr, lieber
eniten am liebsten
ennen vor (zeitl.); früher
ennen kuin bevor
ensi nächste, -r, -s
ensimmäi|nen, -sen, -stä, -siä erste, -r, -s
erehtyä, erehdyn, erehdyin, erehtynyt *V1* sich irren
eräs, erään, -tä, eräitä gewisse, -r, -s
esi|merkki, -merkin, -merkkiä, -merkkejä Beispiel
esitellä, esittelen, esittelin, esitellyt *V3* vorstellen
estää, estän, estin, estänyt *V1* verhindern
etsiä, etsin, etsin, etsinyt *V1* suchen
euro, -n, -a, -ja Euro

F

flunssa, -n, -a *(ugs.)* Grippe

G

grillata, grillaan, grillasin, grillannut *V4* grillen
grillipihvi, -n, -ä, grillipihvejä Grillsteak

H

hakea, haen, hain, hakenut *V1* (ab)holen
halpa, halvan, -a, halpoja billig
haluta, haluan, halusin, halunnut *V4* wollen, mögen
hame, -en, -tta, -ita Rock
harjoitella, harjoittelen, harjoittelin, harjoitellut *V3* trainieren, üben
harjoitus, harjoituksen, -ta, harjoituksia Übung
harmilli|nen, -sen, -sta, -sia ärgerlich
harmittaa, harmittaa, harmitti, harmittanut *V1 (nur 3. Pers., gleiche Form für alle Personen)* (sich) ärgern
harrastaa, harrastan, harrastin, harrastanut *V1* als Hobby haben, betreiben
harrastus, harrastuksen, -ta, harrastuksia Hobby
hattu, hatun, -a, -ja Hut
haukkua, haukun, haukuin, haukkunut *V1* bellen
hauska, -n, -a, hauskoja lustig, nett
hedelmät, hedelmien, hedelmiä *(Pl)* Obst
heikentää, heikennän, heikensin, heikentänyt *V1* abschwächen
heiketä, heikkenen, heikkenin, heikennyt *V6* schwächer werden
heinäkuu, -n, -ta, heinäkuita Juli
heittää, heitän, heitin, heittänyt *V1* werfen
helmikuu, -n, -ta, helmikuita Februar
helpottaa, helpotan, helpotin, helpottanut *V1* erleichtern
helppo, helpon, -a, -ja leicht
herätykello, -n, -a, -ja Wecker
herätys, herätyksen, -tä, herätyksiä Wecken
herätä, herään, heräsin, herännyt *V4* aufwachen
heti sofort, gleich
hidas, hitaan, -ta, hitaita langsam
hiihtää, hiihdän, hiihdin, hiihtänyt *V1* Ski laufen
hikoilla, hikoilen, hikoilin, hikoillut *V3* schwitzen
hiljaa *Adv* ruhig, leise
hillo, -n, -a, -ja Marmelade
hinta, hinnan, -a, hintoja Preis
hollanti holländisch
hotelli, -n, -a, hotelleja Hotel

housut, housujen, housuja *(Pl)* Hose
huhtikuu, -n, -ta, huhtikuita April
hummeri, -n, -a, -ja Hummer
huomata, huomaan, huomasin, huomannut *V4* bemerken
huomenna morgen
huomiseksi zu morgen
huone, -en, -tta, -ita Zimmer
huono, -n, -a, -ja schlecht
hylly, -n, -ä, -jä Regal
hymyillä, hymyilen, hymyilin, hymyillyt *V3* lächeln
hypätä, hyppään, hyppäsin, hypännyt *V4* hüpfen
hyvin *Adv* gut; sehr
hyvä, -n, -ä, hyviä *Adj* gut
häiritä, häiritsen, häiritsin, häirinnyt *V5* stören
hävitä, häviän, hävisin, hävinnyt *V4* verlieren

I

ihmetellä, ihmettelen, ihmettelin, ihmetellyt *V3* sich wundern
ihmetyttää, ihmetyttää, ihmetytti, ihmetyttänyt *V1 (nur 3. Pers., gleiche Form für alle Personen)* erstaunen
ihmi|nen, -sen, -stä, -siä Mensch
ikkuna, -n, -a, ikkunoita Fenster
illalla am Abend
ilman ohne
iloi|nen, -sen, -sta, -sia froh, fröhlich
iltaisin abends
inhimilli|nen, -sen, -stä, -siä menschlich
insinööri, -n, -ä, insinöörejä Ingenieur
iso, -n, -a, -ja groß
iso|vanhemmat, -vanhempien, -vanhempia *(Pl)* Großeltern
istua, istun, istuin, istunut *V1* sitzen
istuutua, istuudun, istuuduin, istuutunut *V1* sich setzen
itkeä, itken, itkin, itkenyt *V1* weinen
itsenäisyyspäivä, -n, -ä Unabhängigkeitstag

J

jaksaa, jaksan, jaksoin, jaksanut *V1* noch können (= Kraft haben, etwas zu tun)
jalka, jalan, -a, jalkoja Fuß
jalkapallo, -n, -a, -ja Fußball
janottaa, janottaa, janotti, janottanut *V1 (nur 3. Pers., gleiche Form für alle Personen)* durstig sein
jatkaa, jatkan, jatkoin, jatkanut *V1* fortsetzen
jatkua, jatkuu, jatkui, jatkunut *V1 (nur 3. Pers.)* sich fortsetzen
jo schon
jogurtti, jogurtin, -a Joghurt
joka, jonka, jota, joita der, die, das *(Relativpronomen)*
joki, joen, jokea, jokia Fluss
jokin, jonkin, jotakin, joitakin irgendein, -e; etwas
joku, jonkun, jotakuta, joitakuita (irgend-) jemand
joulu, -n, -a, -ja Weihnachten
joulu|pukki, -pukin, -pukkia, -pukkeja Weihnachtsmann
jouluaatto, jouluaaton, -a, -ja Heiligabend
joulukinkku, joulukinkun, -a, -ja Weihnachtsschinken
joulukuu, -n, -ta, -joulukuita Dezember
joutua, joudun, jouduin, joutunut *V1* geraten; müssen
juhlia, juhlin, juhlin, juhlinut *V1* feiern
juna, -n, -a, junia Zug
juoda, juon, join, juonut *V2* trinken
juoksija, -n, -a, juoksijoita Läufer
juoma, -n, -a, juomia Getränk
juosta, juoksen, juoksin, juossut *V3* laufen
jutella, juttelen, juttelin, jutellut *V3* plaudern, sprechen
juuri gerade
juusto, -n, -a, -ja Käse
juustohampurilai|nen, -sen, -sta, -sia Cheeseburger
jälkeen nach
jälki|ruoka, -ruoan, -ruokaa, -ruokia Nachspeise

jälleenyhdisty|minen, -misen, -mistä Wiedervereinigung
jänis, jäniksen, -tä, jäniksiä Hase
järvi, järven, järveä, -ä See
jää|kiekko, -kiekon, -kiekkoa Eishockey
jäädä, jään, jäin, jäänyt *V2* bleiben

K

kaappi, kaapin, -a, kaappeja Schrank
kadota, katoan, katosin, kadonnut *V4* verloren gehen, verschwinden
kahvi, -n, -a, kahveja Kaffee
kahvila, -n, -a, kahviloita Café
kaikki, kaiken, kaikkea, -a alle, alles
kakku, kakun, -a, -ja Kuchen
kala, -n, -a, kaloja Fisch
kalastaa, kalastan, kalastin, kalastanut *V1* fischen
kallis, kalliin, -ta, kalliita teuer
kammata, kampaan, kampasin, kammannut *V4* kämmen
kanssa mit
kantaa, kannan, kannoin, kantanut *V1* tragen
karamelli, -n, -a, karamelleja Bonbon
karata, karkaan, karkasin, karannut *V4* fliehen
karhu, -n, -a, -ja Bär
kartta, kartan, -a, karttoja Landkarte
kassi, -n, -a, kasseja Katze
katsella, katselen, katselin, katsellut *V3* anschauen, ansehen
katsoja, -n, -a, katsojia Zuschauer
katu, kadun, -a, -ja Straße
kaunis, kauniin, -ta, kauniita schön, hübsch
kauppa, kaupan, -a, kauppoja Geschäft
kaupunginjohtaja, -n, -a, kaupunginjohtajia Bürgermeister(in)
kaupungintalo, -n, -a, -ja Rathaus
kaupunki, kaupungin, -ia, kaupunkeja Stadt
kautta via, über
keittiö, -n, -tä, -itä Küche
keksi, -n, -ä, keksejä Keks
keksiä, keksin, keksin, keksinyt *V1* erfinden, entdecken
kellari, -n, -a, kellareita Keller
kello, -n, -a, -ja Uhr
keltai|nen, -sen, -sta, -sia gelb
kenen? wessen?
kenet? wen? *(Akk.)*
kenkä, kengän, -ä, kenkiä Schuh
kerros, kerroksen, -ta, kerroksia Etage, Stock(werk)
kerta, kerran, -a, kertoja Mal; mal
kertoa, kerron, kerroin, kertonut *V1* erzählen
keskellä mitten in, in der Mitte
keskiviikko, keskiviikon, -a, -ja Mittwoch
keskusta, -n, -a, keskustoja Innenstadt, Zentrum
keskustella, keskustelen, keskustelin, keskustellut *V3* sich unterhalten
kestää, kestän, kestin, kestänyt *V1* dauern; ertragen
kesä, -n, -ä, kesiä Sommer
kesä|mökki, -mökin, -mökkiä, -mökkejä Sommerhaus
kesäkuu, -n, -ta, kesäkuita Juni
kevät, kevään, -tä, keväitä Frühling
kieli, kielen, kieltä, -ä Sprache
kieltäytyä, kieltäydyn, kieltäydyin, kieltäytynyt *V1* sich weigern
kieltää, kiellän, kielsin, kieltänyt *V1* verbieten
kiinnostaa, kiinnostaa, kiinnosti, kiinnostanut *V1 (nur 3. Pers.)* interessieren
kiinnostunut interessiert (Sg)
kiivetä, kiipeän, kiipesin, kiivennyt *V4* klettern
kipeä, -n, -ä/-tä, kipeitä krank
kirja, -n, -a, kirjoja Buch
kirja|kauppa, -kaupan, kauppaa, -kauppoja Buchhandlung
kirjailija, -n, -a, kirjailijoita Schriftsteller
kirjasto, -n, -a, -ja Bücherei
kirje, -en, -ttä, -itä Brief
kirjoittaa, kirjoitan, kirjoitin, kirjoittanut *V1* schreiben

kirkko, kirkon, -a, -ja   Kirche
kiroilla, kiroilen, kiroilin, kiroillut *V3* fluchen
kiva, -n, -a, kivoja   nett, toll
klassi|nen, -sen, -sta, -sia   klassisch
koe, kokeen, -tta, kokeita   Prüfung
koira, -n, -a, koiria   Hund
kokis, kokiksen, -ta *(ugs.)*   Cola
kokki, kokin, -a, kokkeja   Koch/Köchin
komero, -n, -a, komeroita   Einbauschrank
kone, -en, -tta, -ita   Maschine
konsertti, konsertin, -a, konsertteja Konzert
koota, kokoan, kokosin, koonnut *V4* zusammenbauen, -setzen
korkea, -n, -a/-ta, korkeita   hoch
korostaa, korostan, korostin, korostanut *V1* betonen
kortti, kortin, -a, kortteja   (Spiel-)Karte
koska   weil
kotiin   nach Hause
kotitehtävä, -n, -ä, -kotitehtäviä   Hausaufgabe
kotoisin   gebürtig
kotona   zu Hause
koulu, -n, -a, -ja   Schule
kuin   als
kuinka paljon?   wie viel?
kuiskata, kuiskaan, kuiskasin, kuiskannut *V4* flüstern
kuka?   wer?
kukka, kukan, kukkaa, kukkia   Blume
kukkaruukku, kukkaruukun, -a, -ja Blumentopf
kulta, kullan, -a   Liebling; Gold; Schatz
kumpi?   wer/was von beiden?
kuningas, kuninkaan, -ta, kuninkaita König
kuntosali, -n, -a, kuntosaleja   Fitnessstudio
kuolla, kuolen, kuolin, kuollut V3   sterben
kuppi, kupin, -a, kuppeja   Tasse
kurssi, -n, -a, kursseja   Kurs
kuten   (so) wie
kutsua, kutsun, kutsuin, kutsunut *V1*   einladen; rufen
kuu, -n, -ta, kuita   Monat
kuu|kausi, -kauden, -kautta, -kausia   Monat
kuulla, kuulen, kuulin, kuullut *V3*   hören
kuume, -en, -tta   Fieber
kuunnella, kuuntelen, kuuntelin, kuunnellut *V3*   (an)hören
kuuntelija, -n, -a, kuuntelijoita   Radiohörer, Zuhörer
kuusi, kuuden, kuutta, kuusia   sechs
kuusi, kuusen, kuusta, kuusia   Tanne
kuva, -n, -a, kuvia   Bild
kyetä, kykenen, kykenin, kyennyt *V6* imstande/in der Lage sein, taugen
kyky, kyvyn, -ä, -jä   Fähigkeit
kylmä, -n, -ä, kylmiä   kalt
kylä, -n, -ä, kyliä   Dorf
kynä, -n, -ä, kyniä   Stift
kysymys, kysymyksen, -tä, kysymyksiä Frage
kysyä, kysyn, kysyin, kysynyt *V1*   fragen
kännykkä, kännykän, -ä, kännyköitä Handy
käsi, käden, kättä, -ä   Hand
käsilaukku, käsilaukun, -a, -ja   Handtasche
käskeä, käsken, käskin, käskenyt *V1* befehlen
kävellä, kävelen, kävelin, kävellyt *V3* (spazieren) gehen
käydä, käyn, kävin, käynyt *V2*   gehen, besuchen
käyttö|ohjeet, -ohjeiden, -ohjeita *(Pl)* Gebrauchsanweisung
kääntyä, käännyn, käännyin, kääntynyt *V1* abbiegen
kääntäjä, -n, -ä, kääntäjiä   Übersetzer(in)
kääntää, käännän, käänsin, kääntänyt *V1* übersetzen

L

laatikko, laatikon, -a, laatikoita   Schublade; Schachtel
lahja, -n, -a, lahjoja   Geschenk
lahti, lahden, lahtea, -a   Bucht
laiha, -n, -a, laihoja   dünn, mager

laihdutuskuuri, -n, a, laihdutuskuureja
Diät
laihtua, laihdun, laihduin, laihtunut *V1*
abnehmen
lainata, lainaan, lainasin, lainannut *V4*
(sich) ausleihen
laittaa, laitan, laitoin, laittanut *V1*
zubereiten; machen; stellen, legen; füllen
laiva, -n, -a, laivoja Schiff
lakata, lakkaan, lakkasin, lakannut *V4*
aufhören
laki, lain, -a, lakeja Gesetz
lakkoilla, lakkoilen, lakkoilin, lakkoillut *V3*
streiken
lamppu, lampun, -a, -ja Lampe
lapsi, lapsen, lasta, -a Kind
lasi, -n, -a, laseja Glas
laskea, lasken, laskin, laskenut *V1* lassen
lasku, -n, -a, -ja Rechnung
lastentarha, -n, -a, lastentarhoja
Kindergarten
lauantai, -n, -ta, -ta Samstag
laukku, laukun, -a, -ja Tasche
laulaa, laulan, lauloin, laulanut *V1* singen
laulu, -n, -a, -ja Lied
lauta|nen, -sen, -sta, -sia Teller
lehti, lehden, lehteä, -ä Zeitung
leikkiä, leikin, leikin, leikkinyt *V1* spielen
leipoa, leivon, leivoin, leiponut *V1* backen
leipomo, -n, -a, -ja/leipomoita Bäckerei
leipuri, -n, -a, leipureita Bäcker(in)
leipä, leivän, -ä, leipiä Brot
lenkkeillä, lenkkeilen, lenkkeilin, lenkkeillyt *V3* joggen
lento, lennon, -a, -ja Flug
lento|kenttä, -kentän, -kenttää, -kenttiä
Flugplatz
lentoasema, -n, -a, lentoasemia Flughafen
lentokone, -en, -tta, -ita Flugzeug
lentopostitse per Luftpost
lentäjä, -n, -ä, lentäjiä Pilot
lentää, lennän, lensin, lentänyt *V1* fliegen
liha, -n, -a, lihoja Fleisch
lihapulla, -n, -a, lihapullia Frikadelle
liian zu
liikunta, liikunnan, -a Bewegung

liimata, liimaan, liimasin, liimannut *V4*
kleben
likai|nen, -sen, -sta, -sia dreckig
linja-auto, -n, -a, -ja Linienbus
lipasto, -n, -a, -ja Kommode
lippu, lipun, -a, -ja Flagge; Eintrittskarte
lisäksi außerdem, zusätzlich
lokakuu, -n, -ta, lokakuita Oktober
loma, -n, -a, lomia Urlaub
lompakko, lompakon, -a, -ja/lompakoita
Geldbörse
loppua, loppuu, loppui, loppunut *V1 (nur 3. Pers.)* enden
lopulta endlich
lounas, lounaan, -ta, lounaita Mittag
luistella, luistelen, luistelin, luistellut *V3*
Schlittschuh laufen
lukea, luen, luin, lukenut *V1* lesen
lukija, -n, -a, lukijoita Leser(in)
lukko, lukon, -a, -ja Schloss
luku, luvun, -a, -ja Kapitel, Zahl
lumi, lumen, lunta Schnee
luokka, luokan, -a, luokkia Klasse
luona bei
luukku, luukun, -a, -ja (Ticket-)Schalter
luulla, luulen, luulin, luullut *V3* meinen, glauben
luvulla im … Jahrhundert
lyhyt, lyhyen, -tä, lyhyitä kurz
lyijykynä, -n, -ä, lyijykyniä Bleistift
lyödä, lyön, löin, lyönyt *V2* schlagen
lähellä nahe, in der Nähe von
lähettää, lähetän, lähetin, lähettänyt *V1*
schicken
lähteä, lähden, lähdin, lähtenyt *V1*
losgehen, -fahren, starten
lähtien ab
läksy, -n, -ä, läksyjä (Haus-)Aufgabe
lämmetä, lämpenen, lämpenin, lämmennyt *V6* sich begeistern
lämpö, lämmön, -ä Wärme, Hitze
lämpöpatteri, -n, -a, lämpöpattereita
Heizkörper
läpi durch
lääke, lääkkeen, -ttä, lääkkeitä
Medikament

lääke|tiede, -tieteen, -tiedettä, -tieteitä Medizin
lääkäri, -n, -ä, lääkärejä/lääkäreitä Arzt
löytää, löydän, löysin, löytänyt *V1* finden

M

maa, -n, -ta, maita Land
maailma, -n, -a, maailmoja Welt
maalata, maalaan, maalasin, maalannut *V4* anmalen, streichen
maaliskuu, -n, -ta, maaliskuita März
maanantai, -n, -ta, -ta Montag
maata, makaan, makasin, maannut *V4* liegen
mainita, mainitsen, mainitsin, maininnut *V5* erwähnen
maito, -n, -a, -ja Milch
maksaa, maksan, maksoin, maksanut *V1* bezahlen; kosten
maksumuistutus, maksumuistutuksen, -ta, maksumuistutuksia Mahnung
makuuhuone, -en, -tta, -ita Schlafzimmer
mansik|ka, -an, -ka, -oita Erdbeere
marjastaa, marjastan, marjastin, marjastanut *V1* Beeren sammeln
marraskuu, -n, -ta, marraskuita November
matka, -n, -a, matkoja Reise
matkalaukku, matkalaukun, -a, -ja Reisetasche; Koffer
matkamuisto, -n, -a, -ja Souvenir
matkustaa, matkustan, matkustin, matkustanut *V1* reisen
matkustaja, -n, -a, matkustajia Passagier(in)
mato, madon, -a, -ja Wurm
matto, maton, -a, -ja Teppich
mehu, -n, -a, -ja Saft
mekko, mekon, -a, -ja Kleid
melkein fast
mennä naimisiin heiraten
mennä, menen, menin, mennyt *V3* gehen
meri, meren, merta, -ä Meer
mestari, -n, -a, mestareja/mestareita Meister
metro, -n, -a, -ja U-Bahn
metsä, -n, -ä, -jä Wald
mielellään *(Possessivsuffix je nach Pers.)* gern
mielenkiintoi|nen, -sen, -sta, -sia interessant
mielipide, mielipiteen, -ttä, mielipiteitä Meinung
mies, miehen, -tä, miehiä Mann
miettiä, mietin, mietin, miettinyt *V1* nachdenken
mihin? wohin?
miksi? warum?
mikä? was?
milloin? wann?
minkä? von welchem?
minne? wohin?
minuutti, minuutin, -a, minuutteja Minute
missä? wo?
mistä? woher?
miten? wie?
monet, monien, monia *(Pl)* manche
monta viele
monumentti, monumentin, -a, monumentteja Denkmal
moottori, -n, -a, moottoreja/moottoreita Motor
muistaa, muistan, muistin, muistanut *V1* sich erinnern
mukana, mukaan mit (irgendwohin)
mukava, -n, -a, mukavia nett, angenehm
mummo, -n, -a, -ja Oma
murhaaja, -n, -a, murhaajia Mörder(in)
museo, -n, -ta, -ita Museum
musiikki, musiikin, -a Musik
musta, -n, -a, mustia schwarz
mustikka, mustikan, -a, mustikoita Heidel-/Blaubeere
mutta aber
muuttaa, muutan, muutin, muuttanut *V1* umziehen
myrskytä, myrskyää, myrskysi, myrskynnyt *V4 (nur 3. Pers.)* es stürmt
myydä, myyn, myin, myynyt *V2* verkaufen
myöhemmin *Adv* später
myöhään *Adv* spät, lange
mänty, männyn, -ä, -jä Kiefer (Baum)

N

naapuri, -n, -a, naapureja/naapureita Nachbar(in)
nai|nen, -sen, -sta, -sia Frau
nauraa, nauran, nauroin, nauranut *V1* lachen
neuvoa, neuvon, neuvoin, neuvonut *V1* raten, einen Rat geben
niemi, niemen, niemeä, -ä Halbinsel
niin stimmt *(Bestätigung einer Aussage)*
niin sanoakseni sozusagen
nimi, nimen, nimeä, -ä Name
nojatuoli, -n, -a, nojatuoleja Sessel
nopea, -n, -a/-ta, nopeita schnell
normaali, -n, -a, normaaleja normal
nostaa jälkeen, nostan, nostin, nostanut *V1* hissen (*Fahne*)
nousta, nousen, nousin, noussut *V3* aufstehen, aussteigen
nuha, -n, -a, nuhia Schnupfen
nukkua, nukun, nukuin, nukkunut *V1* schlafen
nuori, nuoren, nuorta, -a jung
nykyään heutzutage
nyökätä, nyökkään, nyökkäsin, nyökännyt *V4* nicken
nähdä, näen, näin, nähnyt *V2* sehen
näkyä, näkyy, näkyi, näkynyt *V1 (nur 3. Pers.)* scheinen (zu sein)
nälättää, nälätän, nälätin, nälättänyt *V1* hungrig sein
nämä, näiden, näitä *(Pl)* diese

O

odottaa, odotan, odotin, odottanut *V1* warten
oikealle nach rechts
ole hyvä bitte *(Sg)*
olkaa hyvä bitte *(Pl)*
olla myöhässä Verspätung haben
olla päällä anhaben
olla, olen, olin, ollut *V3* sein
olohuone, -en, -tta, -ita Wohnzimmer
olut, oluen, -ta, oluita Bier
omena, -n, -a, omenoita/omenia Apfel
ommella, ompelen, ompelin, ommellut *V3* nähen
ongelma, -n, -a, ongelmia Problem
onkia, ongin, ongin, onkinut *V1* angeln
onnelli|nen, -sen, -sta, -sia glücklich
ooppera, -n, -a, oopperoita Oper
opettaa, opetan, opetin, opettanut *V1* lehren, beibringen
opettaja, -n, -a, opettajia Lehrer(in)
opettavai|nen, -sen, -sta, -sia lehrreich
opiskelija, -n, -a, opiskelijoita Student(in)
opiskella, opiskelen, opiskelin, opiskellut *V3* lernen; studieren
oppia, opin, opin, oppinut *V1* lernen
oppilas, oppilaan, -ta, oppilaita Schüler(in)
optikko, optikon, -a, -ja Optiker(in)
organisoida, organisoin, organisoin, organisoinut *V2* organisieren
osasto, -n, -a, -ja Station; Abteilung
osata, osaan, osasin, osannut *V4* etw. können
osoite, osoitteen, -tta, osoitteita Adresse
ostaa, ostan, ostin, ostanut *V1* kaufen
ostos, ostoksen, -ta, ostoksia Einkauf
ottaa, otan, otin, ottanut *V1* nehmen
ovi, oven, ovea, -a Tür

P

paikka, paikan, -a, paikkoja Platz
paistaa, paistan, paistoin, paistanut *V1* scheinen *(nur 3. Pers.)*
paita, paidan, -a, paitoja Hemd
paitsi außer
paketti, paketin, -a, paketteja Packung
paksu, -n, -a, -ja dick
palata, palaan, palasin, palannut *V4* zurückkommen
paljon viel
paljonko? wie viel?
palkinto, palkinnon, -a, -ja Preis

pankki, pankin, -a, pankkeja Bank
pankinjohtaja, -n, -a, pankinjohtajia Bankdirektor
panna, panen, panin, pannut *V3* setzen, stellen, legen
parkkitalo, -n, -a, -ja Parkhaus
pelata, pelaan, pelasin, pelannut *V4* spielen
pelätä, pelkään, pelkäsin, pelännyt *V4* Angst haben, sich fürchten
penkki, penkin, -ä, penkkejä Sitzbank
perhe, -en, -ttä, -itä Familie
perjantai, -n, -ta, -ta Freitag
peruna, -n, -a, perunoita Kartoffel
pestä, pesen, pesin, pessyt *V3* waschen
pesuaine, -en, -tta, -ita Waschmittel
pieni, pienen, pientä, -ä klein
piha, -n, -a, pihoja Hof
piirakka, piirakan, -a, piirakoita Pirogge
pimetä, pimenee, pimeni, pimennyt *V6 (nur 3. Pers.)* dunkel werden
pitkin entlang
pitkä, -n, -ä, pitkiä lang
pitkään aikaan seit Langem, nach langer Zeit
pitää, pidän, pidin, pitänyt *V1* mögen
pitää, pitää, piti, pitänyt *V1 (nur 3. Pers., gleiche Form für alle Pers.)* müssen, sollen
pohjoi|nen, -sen, -sta, -sia Norden
poika, pojan, -a, poikia Junge
poliisi, -n, -a, poliiseja Polizei
politiikka, politiikan, -a Politik
polkupyörä, -n, -ä, polkupyöriä Fahrrad
polttaa, poltan, poltin, polttanut *V1* rauchen
posti, -n, -a, posteja Post
posti|merkki, -merkin, -merkkiä, -merkkejä Briefmarke
potilas, potilaan, potilasta, potilaita Patient(in)
pudota, putoan, putosin, pudonnut *V4* fallen
puhe|mies, -miehen, -miestä, -miehiä Vorsitzende(r)
puhelin, puhelimen, -ta, puhelimia Telefon
puisto, -n, -a, -ja Park
puku, puvun, -a, -ja Anzug
pullo, -n, -a, -ja Flasche
punai|nen, -sen, -sta, -sia rot
puoli, puolen, puolta, -a halb; Hälfte; Seite
puolustaa, puolustan, puolustin, puolustanut *V1* verteidigen
purkki, purkin, -a, purkkeja Dose
purra, puren, purin, purrut *V3* beißen
pusero, -n, -a, -ja/puseroita Bluse
pusu, -n, -a, -ja *(ugs.)* Bussi, Kuss
putiikki, putiikin, -a, putiikkeja Boutique
puu, -n, -ta, puita Baum; Holz
puutarha, -n, -a, puutarhoja Garten
pystyä, pystyn, pystyin, pystynyt *V1* können, schaffen; in der Lage sein
pysäkki, pysäkin, -ä, pysäkkejä Haltestelle
pysäköidä, pysäköin, pysäköin, pysäköinyt *V2* parken
pyytää, pyydän, pyysin, pyytänyt *V1* bitten
pyörä, -n, -ä, pyöriä Fahrrad
pyöräillä, pyöräilen, pyöräilin, pyöräillyt *V3* Fahrrad fahren
päin in Richtung
päivä, -n, -ä, päiviä Tag
päivällä am Tag, tagsüber
pää, -n, -tä, päitä Kopf
pää|kaupunki, -kaupungin, -kaupunkia, -kaupunkeja Hauptstadt
päällä auf
pääsiäi|nen, -sen, -stä, -siä Ostern
pääsiäis|jänis, -jäniksen, -jänistä, -jäniksiä Osterhase
päässä in einer Entfernung von; nach, in (zeitl.)
päästä, pääsen, pääsin, päässyt *V3* kommen, gelangen
päästää, päästän, päästin, päästänyt *V1* (los)lassen
päättää, päätän, päätin, päättänyt *V1* sich entscheiden
pöytä, pöydän, -ä, pöytiä Tisch

R

radio, -n, -ta, -ita Radio
raha, -n, -a, rahoja Geld
rakastaa, rakastan, rakastin, rakastanut *V1* lieben
rakennus, rakennuksen, -ta, rakennuksia Gebäude
rakentaa, rakennan, rakensin, rakentanut *V1* bauen
rakkaani (mein) Liebling, Schatz
rakkaus, rakkauden, rakkautta Liebe
rakkauskirje, -en, -ttä, -itä Liebesbrief
ranta, rannan, -a, rantoja Strand; Ufer
rasittava, -n, -a, rasittavia anstrengend
rauha, -n, -a, rauhoja Frieden
ravintola, -n, -a, ravintoloita Restaurant
reikä, reiän, -ä, reikiä Loch
remontoida, remontoin, remontoin, remontoinut *V2* renovieren
rengas, renkaan, -ta, renkaita Reifen
reppu, repun, -a, -ja Rucksack
resepti, -n, -ä, reseptejä Rezept
riippua, riipun, riipuin, riippunut *V1* hängen
rikas, rikkaan, -ta, rikkaita reich
rikki kaputt
risteys, risteyksen, -tä, risteyksiä Kreuzung
rivi, -n, -ä, rivejä Reihe
romantti|nen, -sen, -sta, -sia romantisch
rotta, rotan, -a, rottia Ratte
rouva, -n, -a, rouvia Frau
ruma, -n, -a, rumia hässlich
ruoka, ruoan/ruuan, -a, ruokia Essen
ruoka|kauppa, -kaupan, -kauppaa, -kauppoja Lebensmittelgeschäft
ruoka|lista, -listan, -listaa, -listoja Speisekarte
ruokasali, -n, -a, ruokasaleja Speisesaal
ruusu, -n, -a, -ja Rose
ruveta, rupean, rupesin, ruvennut *V4* anfangen, beginnen
ryöstää, ryöstän, ryöstin, ryöstänyt *V1* rauben

S, Š

saada, saan, sain, saanut *V2* dürfen; bekommen
saakka bis (zu)
saapua, saavun, saavuin, saapunut *V1* ankommen
saari, saaren, saarta, -a Insel
sahata, sahaan, sahasin, sahannut *V4* sägen
sairaala, -n, -a, sairaaloita Krankenhaus
sairas, sairaan, -ta, sairaita krank
šakki, šakin, -a, šakkeja Schach
sakko, sakon, -a, -ja Strafe
saksalai|nen, -sen, -sta, -sia deutsch
sana, -n, -a, -ja Wort; Vokabel
sanakirja, -n, -a, sanakirjoja Wörterbuch
sanella, sanelen, sanelin, sanellut *V3* diktieren
sanoa, sanon, sanoin, sanonut *V1* sagen
sarja, -n, -a, sarjoja Serie
sataa (vettä), sataa, satoi, satanut *V1 (nur 3. Pers.)* regnen
satama, -n, -a, satamia Hafen
satei|nen, -sen, -sta, -sia regnerisch
sattua, satun, satuin, sattunut *V1* geschehen; zufällig tun
seinä, -n, -ä, seiniä Wand
sekoittaa, sekoitan, sekoitin, sekoittanut *V1* (ver)mischen
sen jälkeen kun nachdem
seuraavana am nächsten
seurata, seuraan, seurasin, seurannut *V4* folgen
siellä dort
sihteeri, -n, -ä, sihteerejä/sihteereitä Sekretär(in)
siipi, siiven, siipeä, siipiä Flügel
siisti, -n, -ä, siistejä sauber, ordentlich
siivota, siivoan, siivosin, siivonnut *V4* putzen; sauber machen
sijaita, sijaitsen, sijaitsin, sijainnut *V5* liegen

silittää, silitän, silitin, silittänyt *V1* streicheln
silloin damals
silmä, -n, -ä, silmiä Auge
silmä|lasit, -lasien, -laseja *(Pl)* Brille
silta, sillan, -a, siltoja Brücke
sini|nen, sen, -sta, -sia blau
sinutella, sinuttelen, sinuttelin, sinutellut *V3* duzen
sisko, -n, -a, -ja Schwester
sisällä drinnen
sohva, -n, -a, sohvia Sofa
soittaa, soitan, soitin, soittanut *V1* anrufen; telefonieren; klingeln
sokea, -n, -a/-ta, sokeita blind
sopia, sovin, sovin, sopinut *V1* passen; vereinbaren
sormi, sormen, sormea, -a Finger
sujuvasti *Adv* fließend
sukeltaa, sukellan, sukelsin, sukeltanut *V1* tauchen
suklaa, -n, -ta, suklaita Schokolade
sulaa, sulaa / ei sula, suli, sulanut *V1 (nur 3. Pers.)* schmelzen
sulkea, suljen, suljin, sulkenut *V1* schließen
sumu, -n, -a Nebel
sunnuntai, -n, -ta, -ta Sonntag
sunnuntaisin sonntags
suomalai|nen, -sen, -sta, -sia finnisch
suomentaa, suomennan, suomensin, suomentanut *V1* ins Finnische übersetzen
suorittaa, suoritan, suoritin, suorittanut *V1* (Prüfung/Examen) bestehen/machen
suostua, suostun, suostuin, suostunut *V1* einwilligen
super|marketti, -marketin, -markettia, -marketteja Supermarkt
surra, suren, surin, surrut *V3* trauern
suu, -n, -ta, suita Mund
suuri, suuren, suurta, -a groß
syksy, -n, -ä, -jä Herbst
synkkä, synkän, -ä, synkkiä dunkel
syntymäpäivä, -n, -ä, syntymäpäiviä Geburtstag
syntyä, synnyn, synnyin, syntynyt *V1* geboren werden
syyskuu, -n, -ta, syyskuita September
syödä, syön, söin, syönyt *V2* essen
syöttää, syötän, syötin, syöttänyt *V1* füttern
sämpylä, -n, -ä, sämpylöitä Brötchen
sänky, sängyn, -ä, -jä Bett
särkeä, särjen, särjin, särkenyt *V1* kaputt machen
särki, särjen, särkeä, -ä Rotauge
sää, -n, -tä, säitä Wetter
säästää, säästän, säästin, säästänyt *V1* sparen

T

tabletti, tabletin, -a, tabletteja Tablette
taikina, -n, -a, taikinoita Teig
taka|kontti, -kontin, -konttia, -kontteja Kofferraum
takaisin zurück
takana hinter
takia wegen, für
takka, takan, -a, takkoja Kamin
takki, takin, -a, takkeja Jacke
talli, -n, -a, talleja Garage
talo, -n, -a, -ja Haus
talvi, talven, talvea, -a Winter
tammikuu, -n, -ta, tammikuita Januar
tanssia, tanssin, tanssin, tanssinut *V1* tanzen
tapa, tavan, -a, tapoja Art
tappaa, tapan, tapoin, tappanut *V1* töten
tarina, -n, -a, tarinoita Geschichte
tarjoilija, -n, -a, tarjoilijoita Kellner(in)
tarjota, tarjoan, tarjosin, tarjonnut *V4* anbieten
tarkistaa, tarkistan, tarkistin, tarkistanut *V1* überprüfen
tarkoittaa, tarkoitan, tarkoitin, tarkoittanut *V1* meinen; bezwecken
tarvita, tarvitsen, tarvitsin, tarvinnut *V5* brauchen
taulu, -n, -a, -ja Gemälde
tavallisesti gewöhnlich

tavara, -n, -a, tavaroita Sache; Ware, Artikel
tavaratalo, -n, -a, -ja Kaufhaus
tavata, tapaan, tapasin, tavannut *V4* (sich) treffen
teatteri, -n, -a, teattereita Theater
tee, -n, -tä Tee
tehdas, tehtaan, -ta, tehtaita Fabrik
tehdä, teen, tein, tehnyt *V2* machen
tekniikka, tekniikan, -a, tekniikoita Technik
teksti, -n, -ä, tekstejä Text
televisio, -n, -ta, -ita Fernsehen
teltta, teltan, -a, telttoja Zelt
telttailla, telttailen, telttailin, telttaillut *V3* zelten
tentti, tentin, -ä, tenttejä Examen
terve, -en, -ttä, -itä gesund
terveelli|nen, -sen, -stä, -siä gesund
tervehtiä, tervehdin, tervehdin, tervehtinyt *V1* (be)grüßen
terveiset, terveisten, terveisiä *(Pl)* Gruß
terveys, terveyden, terveyttä Gesundheit
tie, -n, -tä, teitä Weg
tietokone, -en, -tta, -ita Computer
tieto|visa, -visan, -visaa, -visoja Fernsehquiz
tietää, tiedän, tiesin, tietänyt *V1* wissen
tiistai, -n, -ta, -ta Dienstag
tilata, tilaan, tilasin, tilannut *V4* bestellen
tippua, tipun, tipuin, tippunut *V1* tropfen
tiskata, tiskaan, tiskasin, tiskannut *V4* abwaschen
todella *Adv* wirklich
todistus, todistuksen, -ta, todistuksia Zeugnis, Urkunde
toimia, toimin, toimin, toiminut *V1* funktionieren
toimisto, -n, -a, -ja Büro
toimittaja, -n, -a, toimittajia Journalist(in)
toinen, toisen, toista, toisia andere; zweite
toissa päivänä vorgestern
toistaiseksi bis auf Weiteres
toivottaa, toivotan, toivotin, toivottanut *V1* wünschen
tori, -n, -a, toreja Marktplatz
torstai, -n, -ta, -ta Donnerstag
tosi, toden, totta, -a sehr
toukokuu, -n, -ta, toukokuita Mai
tulla, tulen, tulin, tullut *V3* kommen; werden (= Futur)
tullivirkailija, -n, -a, tullivirkailijoita Zollbeamte(r)
tummatukkai|nen, -sen, -sta, -sia dunkelhaarig
tunneli, -n, -a, tunneleita Tunnel
tuntea, tunnen, tunsin, tuntenut *V1* kennen
tunti, tunnin, -a, tunteja Stunde
tuo, -n, -ta jene, -r, -s
tuoli, -n, -a, tuoleja Stuhl
tupakka, tupakan, -a, tupakoita Tabak; Zigarette
tupakoida, tupakoin, tupakoin, tupakoinut *V2* (Tabak) rauchen
turisti, -n, -a, turisteja Tourist(in)
tutkia, tutkin, tutkin, tutkinut *V1* untersuchen
tutkinto, tutkinnon, -a, -ja Prüfung
tutustua, tutustun, tutustuin, tutustunut *V1* kennenlernen
tykätä, tykkään, tykkäsin, tykännyt *V4* mögen, gern haben
tyttö, tytön, -ä, -jä Mädchen
tyttöystävä, -n, -ä, tyttöystäviä feste Freundin
tytär, tyttären, -tä, tyttäriä Tochter
tyyny, -n, -ä, -jä Kissen
työ, -n, -tä, töitä Arbeit
työskennellä, työskentelen, työskentelin, työskennellyt *V3* arbeiten
tämä, -n, tätä diese, -r, -s
tänään heute
tärkeä, -n, -ä/-tä, tärkeitä wichtig
tässä hier
täydentää, täydennän, täydensin, täydentänyt *V1* ergänzen
täytyä, täytyy, täytyi, täytynyt *V1 (nur 3. Pers., gleiche Form für alle Personen)* müssen
täällä hier
tölkki, tölkin, -ä, tölkkejä Dose

U

uida, uin, uin, uinut *V2* schwimmen
ulkona draußen
ullakko, ullakon, -a, ullakoita Dachboden
urheilla, urheilen, urheilin, urheillut *V3* Sport treiben
urheilu|liike, -liikkeen, -liikettä, -liikkeitä Sportgeschäft
usein oft
uskaltaa, uskallan, uskalsin, uskaltanut *V1* sich trauen
uudelleen erneut
uusi, uuden, uutta, -a neu
uutiset, uutisten, uutisia *(Pl)* Nachrichten

V

vaaleatukkai|nen, -sen, -sta, -sia blond
vaatetus, vaatetuksen, -ta, vaatetuksia Kleidung
vaatia, vaadin, vaadin, vaatinut *V1* fordern, verlangen
vaeltaa, vaellan, vaelsin, vaeltanut *V1* wandern
vai oder *(in Fragen)*
vaihtaa, vaihdan, vaihdoin, vaihtanut *V1* wechseln, (um-)tauschen
vaihto-opiskelija, -n, -a, vaihto-opiskelijoita Austauschstudent
vaikea, -n, -a/-ta, vaikeita schwer
vaikeuttaa, vaikeutan, vaikeutin, vaikeuttanut *V1* erschweren
vaikka obwohl
vaimo, -n, -a, -ja Ehefrau
vain nur
valita, valitsen, valitsin, valinnut *V5* wählen; aussuchen
valmis, valmiin, -ta, valmiita fertig
valmispizza, -n, -a, valmispizzoja Fertig-pizza
valta, vallan, valtaa, valtoja Macht
vampyyri, -n, -a, vampyyreita Vampir
vanha, -n, -a, vanhoja alt
vanhemmat, vanhempien, vanhempia *(Pl)* Eltern
vanheta, vanhenen, vanhenin, vanhennut *V6* älter werden
vankila, -n, -a, vankiloita Gefängnis
vapaa, -n, -ta, vapaita frei
vappu, vapun, -a, -ja 1. Mai
varas, varkaan, varasta, varkaita Dieb
varastaa, varastan, varastin, varastanut *V1* stehlen
varma, -n, -a, varmoja sicher
varoa, varon, varoin, varonut *V1* sich hüten, sich vorsehen
varoittaa, varoitan, varoitin, varoittanut *V1* warnen
varovasti *Adv* vorsichtig
varten für (den Zweck von)
vasemmalle nach links
vastapäätä gegenüber
vastata, vastaan, vastasin, vastannut *V4* antworten
vastaus, vastauksen, -ta, vastauksia Antwort
vastustaa, vastustan, vastustin, vastustanut *V1* widersetzen
vaunu, -n, -a, -ja Waggon
vauva, -n, -a, vauvoja Baby
vene, -en, -ttä, -itä Boot
verrata, vertaan, vertasin, verrannut *V4* vergleichen
vesi, veden, vettä, -ä Wasser
vesihana, -n, -a, vesihanoja Wasserhahn
vessa, -n, -a, vessoja Toilette, WC
viedä, vien, vein, vienyt *V2* (weg)bringen
vielä noch
vieras, vieraan, -ta, vieraita Gast
vieressä neben
viettää, vietän, vietin, viettänyt *V1* feiern
vihata, vihaan, vihasin, vihannut *V4* hassen
vihreä, -n, -ä/-tä, vihreitä grün
viikko, viikon, -a, -ja Woche
viikonloppu, viikonlopun, -a, -ja Wochenende
viime letzte, -r, -s
viini, -n, -ä, viinejä Wein

virhe, -en, -ttä, -itä Fehler
virrata, virtaa, virtasi, virrannut *V4 (nur 3. Pers.)* fließen
visertää, viserrän, visersin, viesertänyt *V1* zwitschern
voi, -n, -ta Butter
voida, voin, voin, voinut *V2* können
vuokrata, vuokraan, vuokrasin, vuokrannut *V4* mieten
vuoksi wegen
vuori, vuoren, vuorta, -a Berg
vuosi, vuoden, vuotta, -a Jahr
vuosipäivä, -n, -ä, vuosipäiviä Jahrestag
vyö, -n, -tä, vöitä Gürtel
vähän (ein) wenig
väsyttää, väsyttää, väsytti, väsyttänyt *V1 (nur 3. Pers., gleiche Form für alle Personen)* müde sein

Y

ylhäällä oben
yli über
ylihuomenna übermorgen
yliopisto, -n, -a, -ja Universität
ylittää, ylitän, ylitin, ylittänyt *V1* überqueren
yllättävä, -n, -ä, yllättäviä unvorhergesehen
yllättää, yllätän, yllätin, yllättänyt *V1* überraschen
yllätys, yllätyksen, -tä, yllätyksiä Überraschung
ymmärtää, ymmärrän, ymmärsin, ymmärtänyt *V1* verstehen
ympäri um … herum, rundherum
yskä, -n, -ä Husten
ystävä, -n, -ä, ystäviä Freund(in)
ystävälli|nen, -sen, -stä, -siä freundlich, nett
yö, -n, -tä, öitä Nacht
yöllä in der Nacht

Ä

äidin|kieli, -kielen, -kieltä, -kieliä Muttersprache
äiti, äidin, -ä, äitejä Mutter
ärsyttävä, -n, -ä, ärsyttäviä ärgerlich, nervig

Deutsch-finnisches Vokabelverzeichnis

A

ab lähtien
abbiegen kääntyä, käännyn, käännyin, kääntynyt *V1*
Abend ilta, illan, -a
am Abend illalla
abends iltaisin
aber mutta
abholen hakea, haen, hain, hakenut *V1*
abnehmen laihtua, laihdun, laihduin, laihtunut *V1*
abschwächen heikentää, heikennän, heikensin, heikentänyt *V1*
abwaschen tiskata, tiskaan, tiskasin, tiskannut *V4*
Adresse osoite, osoitteen, -tta, osoitteita
Alkohol alkoholi, -n, -a
alles kaikki, kaiken, kaikkea, -a
alt vanha, -n, -a, vanhoja
älter werden vanheta, vanhenen, vanhenin, vanhennut *V6*
am liebsten eniten
anbieten tarjota, tarjoan, tarjosin, tarjonnut *V4*
andere toinen, toisen, toista, toisia
anfangen ruveta, rupean, rupesin, ruvennut *V4*
angeln onkia, ongin, ongin, onkinut *V1*
angenehm mukava, -n, -a, mukavia
anhaben olla päällä
ankommen saapua, saavun, saavuin, saapunut *V1*
anmalen maalata, maalaan, maalasin, maalannut *V4*
anrufen soittaa, soitan, soitin, soittanut *V1*
anschauen katsella, katselen, katselin, katsellut *V3*
ansehen katsella, katselen, katselin, katsellut *V3*
anstrengend rasittava, -n, -a, rasittavia
Antwort vastaus, vastauksen, -ta, vastauksia
antworten vastata, vastaan, vastasin, vastannut *V4*
Anzug puku, puvun, -a, -ja
Apfel omena, -n, -a, omenoita/omenia
Apotheke apteekki, apteekin, -a, apteekkeja
April huhtikuu, -n, -ta, huhtikuita
Arbeit työ, -n, -tä, töitä
arbeiten työskennellä, työskentelen, työskentelin, työskennellyt *V3*
ärgerlich harmilli|nen, -sen, -sta, -sia; ärsyttävä, -n, -ä, ärsyttäviä
ärgern, sich harmittaa, harmittaa, harmitti, harmittanut *V1*
Art tapa, tavan, -a, tapoja
Artikel artikkeli, -n, -a, artikkeleita
Arzt lääkäri, -n, -ä, lääkärejä/lääkäreitä
auch nicht ei … myöskään
auf päällä
aufhören lakata, lakkaan, lakkasin, lakannut *V4*
aufstehen nousta, nousen, nousin, noussut *V3*
aufwachen herätä, herään, heräsin, herännyt *V4*
Auge silmä, -n, -ä, silmiä
August elokuu, -n, -ta, elokuita
ausleihen lainata, lainaan, lainasin, lainannut *V4*
außer paitsi
außerdem lisäksi
aussteigen nousta, nousen, nousin, noussut *V3*
aussuchen valita, valitsen, valitsin, valinnut *V5*
Auto auto, -n, -a, -ja

B

Baby vauva, -n, -a, vauvoja
backen leipoa, leivon, leivoin, leiponut *V1*
Bäcker(in) leipuri, -n, -a, leipureita
Bäckerei leipomo, -n, -a, -ja/leipomoita
Bahnhof asema, -n, -a, asemia
Banane banaani, -n, -a, banaaneja
Band bändi, -n, -ä, bändejä
Bank pankki, pankin, -a, pankkeja
Bankdirektor pankinjohtaja, -n, -a, pankinjohtajia
Bar baari, -n, -a, baareja
Bär karhu, -n, -a, -ja
bauen rakentaa, rakennan, rakensin, rakentanut *V1*
Baum puu, -n, -ta, puita
Beeren sammeln marjastaa, marjastan, marjastin, marjastanut *V1*
befehlen käskeä, käsken, käskin, käskenyt *V1*
begeistern, sich lämmetä, lämpenen, lämpenin, lämmennyt *V6*
beginnen alkaa, alan, aloin, alkanut *V1*; ruveta, rupean, rupesin, ruvennut *V4*
begrüßen tervehtiä, tervehdin, tervehdin, tervehtinyt *V1*
bei luona
Beispiel esi|merkki, -merkin, -merkkiä, -merkkejä
beißen purra, puren, purin, purrut *V3*
bekommen saada, saan, sain, saanut *V2*
bellen haukkua, haukun, haukuin, haukkunut *V1*
bemerken huomata, huomaan, huomasin, huomannut *V4*
Berg vuori, vuoren, vuorta, -a
Beruf: von Beruf ammatiltaan *(Possessivsuffix je nach Pers.)*
bestehen (Examen/Prüfung) suorittaa, suoritan, suoritin, suorittanut *V1*
bestellen tilata, tilaan, tilasin, tilannut *V4*
besuchen käydä, käyn, kävin, käynyt *V2*
betonen korostaa, korostan, korostin, korostanut *V1*
Bett sänky, sängyn, -ä, -jä
bevor ennen kuin
Bewegung liikunta, liikunnan, -a
bezahlen maksaa, maksan, maksoin, maksanut *V1*
Bier olut, oluen, -ta, oluita
Bild kuva, -n, -a, kuvia
billig halpa, halvan, -a, halpoja
bis (zu) asti; saakka
bitte ole hyvä *(Sg)*; olkaa hyvä *(Pl)*
bitten pyytää, pyydän, pyysin, pyytänyt *V1*
blau sini|nen, sen, -sta, -sia
bleiben jäädä, jään, jäin, jäänyt *V2*
Bleistift lyijykynä, -n, -ä, lyijykyniä
blind sokea, -n, -a/-ta, sokeita
blond vaaleatukkai|nen, -sen, -sta, -sia
Blume kukka, kukan, kukkaa, kukkia
Blumentopf kukkaruuk|ku, -un, -kua, -kuja
Bluse pusero, -n, -a, -ja/puseroita
Bonbon karamelli, -n, -a, karamelleja
Boot vene, -en, -ttä, -itä
Boutique putiikki, putiikin, -a, putiikkeja
brauchen tarvita, tarvitsen, tarvitsin, tarvinnut *V5*
Brief kirje, -en, -ttä, -itä
Briefmarke posti|merkki, -merkin, -merkkiä, -merkkejä
Brille silmä|lasit, -lasien, -laseja *(Pl)*
Brot leipä, leivän, -ä, leipiä
Brötchen sämpylä, -n, -ä, sämpylöitä
Brücke silta, sillan, -a, siltoja
Buch kirja, -n, -a, kirjoja
Bücherei kirjasto, -n, -a, -ja
Buchhandlung kirja|kauppa, -kaupan, kauppaa, -kauppoja
Bucht lahti, lahden, lahtea, -a
Bürgermeister(in) kaupunginjohtaja, -n, -a, kaupunginjohtajia
Büro toimisto, -n, -a, -ja
Bus bussi, -n, -a, busseja
Bussi pusu, -n, -a, -ja *(ugs.)*
Butter voi, -n, -ta

C

Café kahvila, -n, -a, kahviloita
Cheeseburger juustohampurilai|nen, -sen, -sta, -sia
Cola kokis, kokiksen, -ta *(ugs.)*
Computer tietokone, -en, -tta, -ita

D

Dachboden ullakko, ullakon, -a, ullakoita
damals silloin
dauern kestää, kestän, kestin, kestänyt *V1*
denken ajatella , ajattelen, ajattelin, ajatellut *V3*
Denkmal monumentti, monumentin, -a, monumentteja
der, die, das *(Relativpronomen)* joka, jonka, jota, joita
deutsch saksalai|nen, -sen, -sta, -sia
Dezember joulukuu, -n, -ta, -joulukuita
Diät laihdutuskuuri, -n, a, laihdutuskuureja
dick paksu, -n, -a, -ja
Dieb varas, varkaan, varasta, varkaita
Dienstag tiistai, -n, -ta, -ta
diese nämä, näiden, näitä *(Pl)*
diese, -r, -s tämä, -n, tätä
diktieren sanella, sanelen, sanelin, sanellut *V3*
Donnerstag torstai, -n, -ta, -ta
Dorf kylä, -n, -ä, kyliä
dort siellä
Dose purkki, purkin, -a, purkkeja; tölkki, tölkin, -ä, tölkkejä
draußen ulkona
dreckig likai|nen, -sen, -sta, -sia
drinnen sisällä
dunkel synkkä, synkän, -ä, synkkiä
dunkel werden pimetä, pimenee, pimeni, pimennyt *V6*
dunkelhaarig tummatukkai|nen, -sen, -sta, -sia
dünn laiha, -n, -a, laihoja
durch läpi
dürfen saada, saan, sain, saanut *V2*
durstig sein janottaa, janottaa, janotti, janottanut *V1*
duzen sinutella, sinuttelen, sinuttelin, sinutellut *V3*

E

Ehefrau vaimo, -n, -a, -ja
Einbauschrank komero, -n, -a, komeroita
Einkauf ostos, ostoksen, -ta, ostoksia
einladen kutsua, kutsun, kutsuin, kutsunut *V1*
Eintrittskarte lippu, lipun, -a, -ja
einwilligen suostua, suostun, suostuin, suostunut *V1*
Eishockey jää|kiekko, -kiekon, -kiekkoa
Eltern vanhemmat, vanhempien, vanhempia *(Pl)*
enden loppua, loppuu, loppui, loppunut *V1*
endlich lopulta
entlang pitkin
entscheiden, sich päättää, päätän, päätin, päättänyt *V1*
Entschuldigung anteeksi
Erdbeere mansikka, mansikan, -a, mansikoita
erfinden keksiä, keksin, keksin, keksinyt *V1*
ergänzen täydentää, täydennän, täydensin, täydentänyt *V1*
erinnern, sich muistaa, muistan, muistin, muistanut *V1*
erleichtern helpottaa, helpotan, helpotin, helpottanut *V1*
erneut uudelleen
erschweren vaikeuttaa, vaikeutan, vaikeutin, vaikeuttanut *V1*
erstaunen ihmetyttää, ihmetyttää, ihmetytti, ihmetyttänyt *V1*
erste, -r, -s ensimmäi|nen, -sen, -stä, -siä
Erwachsene(r) aikui|nen, -sen, -sta, -sia
erwähnen mainita, mainitsen, mainitsin, maininnut *V5*
erzählen kertoa, kerron, kerroin, kertonut *V1*

Essen ruoka, ruoan/ruuan, -a, ruokia
essen syödä, syön, söin, syönyt *V2*
Etage kerros, kerroksen, -ta, kerroksia
etwas jokin, jonkin, jotakin, joitakin
Euro euro, -n, -a, -ja
Examen tentti, tentin, -ä, tenttejä

F

Fabrik tehdas, tehtaan, -ta, tehtaita
Fähigkeit kyky, kyvyn, -ä, -jä
fahren ajaa , ajan, ajoin, ajanut *V1*
Fahrrad (polku)pyörä, -n, -ä, (polku)pyöriä
Fahrrad fahren pyöräillä, pyöräilen, pyöräilin, pyöräillyt *V3*
fallen pudota, putoan, putosin, pudonnut *V4*
Familie perhe, -en, -ttä, -itä
fast melkein
Februar helmikuu, -n, -ta, helmikuita
Fehler virhe, -en, -ttä, -itä
feiern juhlia, juhlin, juhlin, juhlinut *V1*; viettää, vietän, vietin, viettänyt *V1*
Fenster ikkuna, -n, -a, ikkunoita
Fernsehen televisio, -n, -ta, -ita
Fernsehquiz tieto|visa, -visan, -visaa, -visoja
fertig valmis, valmiin, -ta, valmiita
Fertigpizza valmispizza, -n, -a, -pizzoja
feste Freundin tyttöystävä, -n, -ä, tyttöystäviä
Fieber kuume, -en, -tta
Film elokuva, -n, -a, elokuvia
finden löytää, löydän, löysin, löytänyt *V1*
Finger sormi, sormen, sormea, -a
finnisch suomalai|nen, -sen, -sta, -sia
Fisch kala, -n, -a, kaloja
fischen kalastaa, kalastan, kalastin, kalastanut *V1*
Fitnessstudio kuntosali, -n, -a, kuntosaleja
Flagge lippu, lipun, -a, -ja
Flasche pullo, -n, -a, -ja
Fleisch liha, -n, -a, lihoja
fliegen lentää, lennän, lensin, lentänyt *V1*
fliehen karata, karkaan, karkasin, karannut *V4*
fließen virrata, virtaa, virtasi, virrannut *V4*
fließend sujuvasti
fluchen kiroilla, kiroilen, kiroilin, kiroillut *V3*
Flug lento, lennon, -a, -ja
Flügel siipi, siiven, siipeä, siipiä
Flughafen lentoasema, -n, -a, lentoasemia
Flugplatz lento|kenttä, -kentän, -kenttää, -kenttiä
Flugzeug lentokone, -en, -tta, -ita
Fluss joki, joen, jokea, jokia
flüstern kuiskata, kuiskaan, kuiskasin, kuiskannut *V4*
folgen seurata, seuraan, seurasin, seurannut *V4*
fordern vaatia, vaadin, vaadin, vaatinut *V1*
fortsetzen jatkaa, jatkan, jatkoin, jatkanut *V1*
fortsetzen, sich jatkua, jatkuu, jatkui, jatkunut *V1*
Frage kysymys, kysymyksen, -tä, kysymyksiä
fragen kysyä, kysyn, kysyin, kysynyt *V1*
Frau nai|nen, -sen, -sta, -sia; rouva, -n, -a, rouvia
frei vapaa, -n, -ta, vapaita
Freitag perjantai, -n, -ta, -ta
Freund(in) ystävä, -n, -ä, ystäviä
freundlich ystävälli|nen, -sen, -stä, -siä
Frieden rauha, -n, -a, rauhoja
Frikadelle lihapulla, -n, -a, lihapullia
froh iloi|nen, -sen, -sta, -sia
früh aikaisin
früher (= damals) ennen
Frühling kevät, kevään, -tä, keväitä
Frühstück aamupala, -n, -a, aamupaloja
zum Frühstück aamiaiseksi
funktionieren toimia, toimin, toimin, toiminut *V1*
für (Zweck) varten
Fuß jalka, jalan, -a, jalkoja
Fußball jalkapallo, -n, -a, -ja
füttern syöttää, syötän, syötin, syöttänyt *V1*

G

Garage talli, -n, -a, talleja
Garten puutarha, -n, -a, puutarhoja
Gast vieras, vieraan, -ta, vieraita
Gebäude rakennus, rakennuksen, -ta, rakennuksia
geben antaa, annan, annoin, antanut *V1*
Gebiet alue, -en, -tta, -ita
geboren werden syntyä, synnyn, synnyin, syntynyt *V1*
Gebrauchsanweisung käyttö|ohjeet, -ohjeiden, -ohjeita *(Pl)*
gebürtig kotoisin
Geburtstag syntymäpäivä, -n, -ä, syntymäpäiviä
Gefängnis vankila, -n, -a, vankiloita
gegenüber vastapäätä
gehen käydä, käyn, kävin, käynyt *V2*; mennä, menen, menin, mennyt *V3*
gelangen päästä, pääsen, pääsin, päässyt *V3*
gelb keltai|nen, -sen, -sta, -sia
Geld raha, -n, -a, rahoja
Geldbörse lompakko, lompakon, -a, -ja/ lompakoita
Gemälde taulu, -n, -a, -ja
geöffnet auki
gerade juuri
geraten joutua, joudun, jouduin, joutunut *V1*
gern mielellään *(Possessivsuffix je nach Pers.)*
gern haben tykätä, tykkään, tykkäsin, tykännyt *V4*
Geschäft kauppa, kaupan, -a, kauppoja
geschehen sattua, satun, satuin, sattunut *V1*
Geschenk lahja, -n, -a, lahjoja
Geschichte tarina, -n, -a, tarinoita
Gesetz laki, lain, -a, lakeja
gestern eilen
gesund terve, -en, -ttä, -itä; terveelli|nen, -sen, -stä, -siä
Gesundheit terveys, terveyden, terveyttä
Getränk juoma, -n, -a, juomia
gewisse, -r, -s eräs, erään, -tä, eräitä
Glas lasi, -n, -a, laseja
glauben luulla, luulen, luulin, luullut *V3*
glücklich onnelli|nen, -sen, -sta, -sia
grillen grillata, grillaan, grillasin, grillannut *V4*
Grillsteak grillipihvi, -n, -ä, grillipihvejä
Grippe flunssa, -n, -a *(ugs.)*
groß iso, -n, -a, -ja; suuri, suuren, suurta, -a
Großeltern iso|vanhemmat, -vanhempien, -vanhempia *(Pl)*
grün vihreä, -n, -ä/-tä, vihreitä
Gruß terveiset, terveisten, terveisiä *(Pl)*
Gürtel vyö, -n, -tä, vöitä
gut *Adj* hyvä, -n, -ä, hyviä
gut *Adv* hyvin

H

Hafen satama, -n, -a, satamia
halb puoli, puolen, puolta, -a
Halbinsel niemi, niemen, niemeä, -ä
Hälfte puoli, puolen, puolta, -a
Haltestelle pysäkki, pysäkin, -ä, pysäkkejä
Hand käsi, käden, kättä, -ä
Handtasche käsilaukku, käsilaukun, -a, -ja
Handy kännykkä, kännykän, -ä, kännyköitä
hängen riippua, riipun, riipuin, riippunut *V1*
Hase jänis, jäniksen, -tä, jäniksiä
hassen vihata, vihaan, vihasin, vihannut *V4*
hässlich ruma, -n, -a, rumia
Hauptstadt pää|kaupunki, -kaupungin, -kaupunkia, -kaupunkeja
Haus talo, -n, -a, -ja
  zu Hause kotona
  nach Hause kotiin
Hausaufgabe läksy, -n, -ä, läksyjä; kotitehtävä, -n, -ä, -kotitehtäviä
Heidelbeere mustikka, mustikan, -a, mustikoita
Heiligabend jouluaatto, jouluaaton, -a, -ja
heiraten mennä naimisiin
Heizkörper lämpöpatteri, -n, -a, lämpöpattereita

helfen auttaa, autan, autoin, auttanut *V1*
Hemd paita, paidan, -a, paitoja
Herbst syksy, -n, -ä, -jä
heute tänään
heutzutage nykyään
hier tässä; täällä
Hilfe apu, avun, -a
hinter takana
hissen nostaa jälkeen, nostan, nostin, nostanut *V1*
Hobby harrastus, harrastuksen, -ta, harrastuksia
als Hobby haben harrastaa, harrastan, harrastin, harrastanut *V1*
hoch korkea, -n, -a/-ta, korkeita
Hof piha, -n, -a, pihoja
Holz puu, -n, -ta, puita
hören kuunnella, kuuntelen, kuuntelin, kuunnellut *V3;* kuulla, kuulen, kuulin, kuullut *V3*
Hose housut, housujen, housuja *(Pl)*
Hotel hotelli, -n, -a, hotelleja
hübsch kaunis, kauniin, -ta, kauniita
Hummer hummeri, -n, -a, -ja
Hund koira, -n, -a, koiria
hungrig sein nälättää, nälätän, nälätin, nälättänyt *V1*
hüpfen hypätä, hyppään, hyppäsin, hypännyt *V4*
Husten yskä, -n, -ä
Hut hattu, hatun, -a, -ja
hüten, sich varoa, varon, varoin, varonut *V1*

I

immer aina
imstande sein kyetä, kykenen, kykenin, kyennyt *V6*
Ingenieur insinööri, -n, -ä, insinöörejä
Insel saari, saaren, saarta, -a
interessant mielenkiintoi|nen, -sen, -sta, -sia
interessieren kiinnostaa, kiinnostaa, kiinnosti, kiinnostanut *V1*
interessiert kiinnostunut
irgendein, -e jokin, jonkin, jotakin, joitakin
irgendjemand joku, jonkun, jotakuta, joitakuita
irren, sich erehtyä, erehdyn, erehdyin, erehtynyt *V1*

J

Jacke takki, takin, -a, takkeja
Jahr vuosi, vuoden, vuotta, -a
Jahrestag vuosipäivä, -n, -ä, vuosipäiviä
Jahrhundert: im … Jahrhundert luvulla
Januar tammikuu, -n, -ta, tammikuita
jene, -r, -s tuo, -n, -ta
joggen lenkkeillä, lenkkeilen, lenkkeilin, lenkkeillyt *V3*
Joghurt jogurtti, jogurtin, -a
Journalist(in) toimittaja, -n, -a, toimittajia
Juli heinäkuu, -n, -ta, heinäkuita
jung nuori, nuoren, nuorta, -a
Junge poika, pojan, -a, poikia
Juni kesäkuu, -n, -ta, kesäkuita

K

Kaffee kahvi, -n, -a, kahveja
kalt kylmä, -n, -ä, kylmiä
Kamin takka, takan, -a, takkoja
kämmen kammata, kampaan, kampasin, kammannut *V4*
Kapitel luku, luvun, -a, -ja
kaputt rikki
kaputt machen särkeä, särjen, särjin, särkenyt *V1*
Karte kortti, kortin, -a, kortteja
Kartoffel peruna, -n, -a, perunoita
Käse juusto, -n, -a, -ja
Katze kassi, -n, -a, kasseja
kaufen ostaa, ostan, ostin, ostanut *V1*
Kaufhaus tavaratalo, -n, -a, -ja
kein ei … enää; ei … mikään/mitään
Keks keksi, -n, -ä, keksejä
Keller kellari, -n, -a, kellareita

Kellner(in) tarjoilija, -n, -a, tarjoilijoita
kennen tuntea, tunnen, tunsin, tuntenut *V1*
kennenlernen tutustua, tutustun, tutustuin, tutustunut *V1*
Kiefer (Baum) mänty, männyn, -ä, -jä
Kind lapsi, lapsen, lasta, -a
Kindergarten lastentarha, -n, -a, lastentarhoja
Kiosk kioski, -n, -a, kioskeja
Kirche kirkko, kirkon, -a, -ja
Kissen tyyny, -n, -ä, -jä
Klasse luokka, luokan, -a, luokkia
klassisch klassi|nen, -sen, -sta, -sia
kleben liimata, liimaan, liimasin, liimannut *V4*
Kleid mekko, mekon, -a, -ja
Kleidung vaatetus, vaatetuksen, -ta, vaatetuksia
klein pieni, pienen, pientä, -ä
klettern kiivetä, kiipeän, kiipesin, kiivennyt *V4*
klingeln soittaa, soitan, soitin, soittanut *V1*
Koch/Köchin kokki, kokin, -a, kokkeja
Kofferraum taka|kontti, -kontin, -konttia, -kontteja
kommen tulla, tulen, tulin, tullut *V3*; päästä, pääsen, pääsin, päässyt *V3*
Kommode lipasto, -n, -a, -ja
König kuningas, kuninkaan, -ta, kuninkaita
können voida, voin, voin, voinut *V2*; osata, osaan, osasin, osannut *V4*
können (= Kraft haben, etwas zu tun) jaksaa, jaksan, jaksoin, jaksanut *V1*
Konzert konsertti, konsertin, -a, konsertteja
Kopf pää, -n, -tä, päitä
kosten maksaa, maksan, maksoin, maksanut *V1*
krank sairas, sairaan, -ta, sairaita; kipeä, -n, -ä/-tä, kipeitä
Krankenhaus sairaala, -n, -a, sairaaloita
Kreuzung risteys, risteyksen, -tä, risteyksiä
Küche keittiö, -n, -tä, -itä
Kuchen kakku, kakun, -a, -ja
Kurs kurssi, -n, -a, kursseja
kurz lyhyt, lyhyen, -tä, lyhyitä

L

lächeln hymyillä, hymyilen, hymyilin, hymyillyt *V3*
lachen nauraa, nauran, nauroin, nauranut *V1*
Lampe lamppu, lampun, -a, -ja
Land maa, -n, -ta, maita
Landkarte kartta, kartan, -a, karttoja
lang pitkä, -n, -ä, pitkiä
seit Langem, nach langer Zeit pitkään aikaan
langsam hidas, hitaan, -ta, hitaita
lassen laskea, lasken, laskin, laskenut *V1*
laufen juosta, juoksen, juoksin, juossut *V3*
Läufer juoksija, -n, -a, juoksijoita
Leben elämä, -n, -ä
leben elää, elän, elin, elänyt *V1*
Lebensmittelgeschäft ruoka|kauppa, -kaupan, -kauppaa, -kauppoja
legen panna, panen, panin, pannut *V3*; laittaa, laitan, laitoin, laittanut *V1*
lehren opettaa, opetan, opetin, opettanut *V1*
Lehrer(in) opettaja, -n, -a, opettajia
lehrreich opettavai|nen, -sen, -sta, -sia
leicht helppo, helpon, -a, -ja
lernen oppia, opin, opin, oppinut *V1*
lesen lukea, luen, luin, lukenut *V1*
Leser(in) lukija, -n, -a, lukijoita
letzte, -r, -s viime
Liebe rakkaus, rakkauden, rakkautta
lieben rakastaa, rakastan, rakastin, rakastanut *V1*
lieber enemmän
Liebesbrief rakkauskirje, -en, -ttä, -itä
Liebling kulta, kullan, -a; rakkaani
Lied laulu, -n, -a, -ja
liegen maata, makaan, makasin, maannut *V4*; sijaita, sijaitsen, sijaitsin, sijainnut *V5*
Linienbus linja-auto, -n, -a, -ja

links: nach links vasemmalle
Loch reikä, reiän, -ä, reikiä
losfahren/-gehen lähteä, lähden, lähdin, lähtenyt *V1*
loslassen päästää, päästän, päästin, päästänyt *V1*
lustig hauska, -n, -a, hauskoja

M

machen tehdä, teen, tein, tehnyt *V2*; laittaa, laitan, laitoin, laittanut *V1*
Macht valta, vallan, valtaa, valtoja
Mädchen tyttö, tytön, -ä, -jä
Mahnung maksumuistutus, maksumuistutuksen, -ta, maksumuistutuksia
Mai toukokuu, -n, -ta, toukokuita
mal kerta, kerran, -a, kertoja
Mal kerta, kerran, -a, kertoja
manche monet, monien, monia *(Pl)*
Mann mies, miehen, -tä, miehiä
Marktplatz tori, -n, -a, toreja
Marmelade hillo, -n, -a, -ja
März maaliskuu, -n, -ta, maaliskuita
Maschine kone, -en, -tta, -ita
Medikament lääke, lääkkeen, -ttä, lääkkeitä
Medizin lääke|tiede, -tieteen, -tiedettä, -tieteitä
Meer meri, meren, merta, -ä
mehr enemmän
meinen luulla, luulen, luulin, luullut *V3*; tarkoittaa, tarkoitan, tarkoitin, tarkoittanut *V1*
Meinung mielipide, mielipiteen, -ttä, mielipiteitä
Meister mestari, -n, -a, mestareja/mestareita
Mensch ihmi|nen, -sen, -stä, -siä
menschlich inhimilli|nen, -sen, -stä, -siä
mieten vuokrata, vuokraan, vuokrasin, vuokrannut *V4*
Milch maito, -n, -a, -ja
minus miinus
Minute minuutti, minuutin, -a, minuutteja
mit kanssa
mit (irgendwohin) mukana, mukaan
Mittag lounas, lounaan, -ta, lounaita
mitten in keskellä
Mittwoch keskiviikko, keskiviikon, -a, -ja
mögen pitää, pidän, pidin, pitänyt *V1*; tykätä, tykkään, tykkäsin, tykännyt *V4*
mögen haluta, haluan, halusin, halunnut *V4*
Monat kuu, -n, -ta, kuita; kuu|kausi, -kauden, -kautta, -kausia
Montag maanantai, -n, -ta, -ta
Mörder(in) murhaaja, -n, -a, murhaajia
Morgen aamu, -n, -a, -ja
am Morgen aamulla
morgen huomenna
zu morgen huomiseksi
morgens aamuisin
Motor moottori, -n, -a, moottoreja/moottoreita
müde sein väsyttää, väsyttää, väsytti, väsyttänyt *V1*
Mund suu, -n, -ta, suita
Museum museo, -n, -ta, -ita
Musik musiikki, musiikin, -a
müssen pitää, pitää, piti, pitänyt *V1*; täytyä, täytyy, täytyi, täytynyt *V1*
Mutter äiti, äidin, -ä, äitejä
Muttersprache äidin|kieli, -kielen, -kieltä, -kieliä

N

nach jälkeen
Nachbar(in) naapuri, -n, -a, naapureja/naapureita
nachdem sen jälkeen kun
nachdenken miettiä, mietin, mietin, miettinyt *V1*
Nachrichten uutiset, uutisten, uutisia *(Pl)*
Nachspeise jälki|ruoka, -ruoan, -ruokaa, -ruokia
nächste, -r, -s ensi
am nächsten seuraavana

Nacht yö, -n, -tä, öitä
in der Nacht yöllä
nahe lähellä
nähen ommella, ompelen, ompelin, ommellut *V3*
Name nimi, nimen, nimeä, -ä
Nebel sumu, -n, -a
neben vieressä
nehmen ottaa, otan, otin, ottanut *V1*
nervig ärsyttävä, -n, -ä, ärsyttäviä
nett mukava, -n, -a, mukavia; kiva, -n, -a, kivoja; hauska, -n, -a, hauskoja
neu uusi, uuden, uutta, -a
nicht mehr ei … enää
nichts ei … mikään/mitään
nicken nyökätä, nyökkään, nyökkäsin, nyökännyt *V4*
nie ei … koskaan
niemand ei … kukaan
noch vielä
Norden pohjoi|nen, -sen, -sta, -sia
normal normaali, -n, -a, normaaleja
November marraskuu, -n, -ta, marraskuita
nur vain

O

oben ylhäällä
Obst hedelmät, hedelmien, hedelmiä *(Pl)*
obwohl vaikka
oder *(in Fragen)* vai
offen auki
öffnen avata, avaan, avasin, avannut *V4*
oft usein
ohne ilman
Oktober lokakuu, -n, -ta, lokakuita
Oma mummo, -n, -a, -ja
Oper ooppera, -n, -a, oopperoita
Optiker(in) optikko, optikon, -a, -ja
organisieren organisoida, organisoin, organisoin, organisoinut *V2*
Osterhase pääsiäis|jänis, -jäniksen, -jänistä, -jäniksiä
Ostern pääsiäi|nen, -sen, -stä, -siä

P

Packung paketti, paketin, -a, paketteja
Park puisto, -n, -a, -ja
parken pysäköidä, pysäköin, pysäköin, pysäköinyt *V2*
Parkhaus parkkitalo, -n, -a, -ja
Passagier(in) matkustaja, -n, -a, matkustajia
passen sopia, sovin, sovin, sopinut *V1*
Patient(in) potilas, potilaan, -ta, potilaita
Pilot lentäjä, -n, -ä, lentäjiä
Pirogge piirakka, piirakan, -a, piirakoita
Platz paikka, paikan, -a, paikkoja
plaudern jutella, juttelen, juttelin, jutellut *V3*
Politik politiikka, politiikan, -a
Polizei poliisi, -n, -a, poliiseja
Post posti, -n, -a, posteja
Preis (Gewinn) palkinto, palkinnon, -a, -ja
Preis (im Geschäft) hinta, hinnan, -a, hintoja
Problem ongelma, -n, -a, ongelmia
Prüfung koe, kokeen, -tta, kokeita; tutkinto, tutkinnon, -a, -ja
pünktlich ajoissa
putzen siivota, siivoan, siivosin, siivonnut *V4*

R

Radio radio, -n, -ta, -ita
Radiohörer kuuntelija, -n, -a, kuuntelijoita
raten (= einen Rat geben) neuvoa, neuvon, neuvoin, neuvonut *V1*
Rathaus kaupungintalo, -n, -a, -ja
Ratte rotta, rotan, -a, rottia
rauben ryöstää, ryöstän, ryöstin, ryöstänyt *V1*
rauchen polttaa, poltan, poltin, polttanut *V1*; tupakoida, tupakoin, tupakoin, tupakoinut *V2*
Rechnung lasku, -n, -a, -ja
rechts: nach rechts oikealle
Regal hylly, -n, -ä, -jä
regnen sataa (vettä), sataa, satoi, satanut *V1*

regnerisch sateii|nen, -sen, -sta, -sia
reich rikas, rikkaan, -ta, rikkaita
Reifen rengas, renkaan, -ta, renkaita
Reihe rivi, -n, -ä, rivejä
Reise matka, -n, -a, matkoja
reisen matkustaa, matkustan, matkustin, matkustanut *V1*
Reisetasche matkalaukku, matkalaukun, -a, -ja
renovieren remontoida, remontoin, remontoin, remontoinut *V2*
Restaurant ravintola, -n, -a, ravintoloita
Rezept resepti, -n, -ä, reseptejä
Rock hame, -en, -tta, -ita
romantisch romantti|nen, -sen, -sta, -sia
Rose ruusu, -n, -a, -ja
rot punai|nen, -sen, -sta, -sia
Rotauge särki, särjen, särkeä, -ä
Rucksack reppu, repun, -a, -ja
rufen kutsua, kutsun, kutsuin, kutsunut *V1*
ruhig hiljaa

S

Sache asia, -n, -a, asioita; tavara, -n, -a, tavaroita
Saft mehu, -n, -a, -ja
sagen sanoa, sanon, sanoin, sanonut *V1*
sägen sahata, sahaan, sahasin, sahannut *V4*
sammeln koota, kokoan, kokosin, koonnut *V4*
Samstag lauantai, -n, -ta, -ta
sauber siisti, -n, -ä, siistejä
Schach šakki, šakin, -a, šakkeja
Schachtel laatikko, laatikon, -a, laatikoita
schaffen pystyä, pystyn, pystyin, pystynyt *V1*
Schalter luukku, luukun, -a, -ja
scheinen (*Sonne*) paistaa, paistan, paistoin, paistanut *V1*
scheinen (zu sein) näkyä, näkyy, näkyi, näkynyt *V1*
schicken lähettää, lähetän, lähetin, lähettänyt *V1*
schießen ampua , ammun, ammuin, ampunut *V1*
Schiff laiva, -n, -a, laivoja
schlafen nukkua, nukun, nukuin, nukkunut *V1*
Schlafzimmer makuuhuone, -en, -tta, -ita
schlagen lyödä, lyön, löin, lyönyt *V2*
schlecht huono, -n, -a, -ja
schließen sulkea, suljen, suljin, sulkenut *V1*
Schlittschuh laufen luistella, luistelen, luistelin, luistellut *V3*
Schloss lukko, lukon, -a, -ja
Schlüssel avain, avaimen, -ta, avaimia
schmelzen sulaa, sulaa, suli, sulanut *V1*
Schnee lumi, lumen, lunta
schnell nopea, -n, -a/-ta, nopeita
Schnupfen nuha, -n, -a, nuhia
Schokolade suklaa, -n, -ta, suklaita
schon jo
schön kaunis, kauniin, -ta, kauniita
Schrank kaappi, kaapin, -a, kaappeja
schreiben kirjoittaa, kirjoitan, kirjoitin, kirjoittanut *V1*
Schriftsteller kirjailija, -n, -a, kirjailijoita
Schritt askel, -en, -ta, -ia
Schublade laatikko, laatikon, -a, laatikoita
Schuh kenkä, kengän, -ä, kenkiä
Schule koulu, -n, -a, -ja
Schüler(in) oppilas, oppilaan, -ta, oppilaita
schwächer werden heiketä, heikkenen, heikkenin, heikennyt *V6*
schwarz musta, -n, -a, mustia
schwer vaikea, -n, -a/-ta, vaikeita
Schwester sisko, -n, -a, -ja
schwimmen uida, uin, uin, uinut *V2*
schwitzen hikoilla, hikoilen, hikoilin, hikoillut *V3*
sechs kuusi, kuuden, kuutta, kuusia
See järvi, järven, järveä, -ä
sehen nähdä, näen, näin, nähnyt *V2*
sehr hyvin, tosi
sein olla, olen, olin, ollut *V3*
Seite puoli, puolen, puolta, -a

Sekretär(in) sihteeri, -n, -ä, sihteerejä/ sihteereitä
September syyskuu, -n, -ta, syyskuita
Serie sarja, -n, -a, sarjoja
Sessel nojatuoli, -n, -a, nojatuoleja
setzen, sich istuutua, istuudun, istuuduin, istuutunut *V1*
sicher varma, -n, -a, varmoja
singen laulaa, laulan, lauloin, laulanut *V1*
Sitzbank penkki, penkin, -ä, penkkejä
sitzen istua, istun, istuin, istunut *V1*
Ski laufen hiihtää, hiihdän, hiihdin, hiihtänyt *V1*
Sofa sohva, -n, -a, sohvia
sofort heti
sollen pitää, pitää, piti, pitänyt *V1*
Sommer kesä, -n, -ä, kesiä
Sommerhaus kesä|mökki, -mökin, -mökkiä, -mökkejä
Sonne aurinko, auringon, -a, -ja
sonnig aurinkoi|nen, -sen, -sta, -sia
Sonntag sunnuntai, -n, -ta, -ta
sonntags sunnuntaisin
Souvenir matkamuisto, -n, -a, -ja
sozusagen niin sanoakseni
sparen säästää, säästän, säästin, säästänyt *V1*
spät *Adv* myöhään
später myöhemmin
spazierengehen kävellä, kävelen, kävelin, kävellyt *V3*
Speisekarte ruokalista, -n, -a, ruokalistoja
Speisesaal ruokasali, -n, -a, ruokasaleja
spielen leikkiä, leikin, leikin, leikkinyt *V1*; pelata, pelaan, pelasin, pelannut *V4*
Sport treiben urheilla, urheilen, urheilin, urheillut *V3*
Sportgeschäft urheilu|liike, -liikkeen, -liikettä, -liikkeitä
Sprache kieli, kielen, kieltä, -ä
Stadt kaupunki, kaupungin, -ia, kaupunkeja
Station osasto, -n, -a, -ja
stehlen varastaa, varastan, varastin, varastanut *V1*
stellen laittaa, laitan, laitoin, laittanut *V1*; panna, panen, panin, pannut *V3*
sterben kuolla, kuolen, kuolin, kuollut V3
Stift kynä, -n, -ä, kyniä
Stock(werk) kerros, kerroksen, -ta, kerroksia
stören häiritä, häiritsen, häiritsin, häirinnyt *V5*
Strafe sakko, sakon, -a, -ja
Strand ranta, rannan, -a, rantoja
Straße katu, kadun, -a, -ja
streicheln silittää, silitän, silitin, silittänyt *V1*
streiken lakkoilla, lakkoilen, lakkoilin, lakkoillut *V3*
Student(in) opiskelija, -n, -a, opiskelijoita
studieren opiskella, opiskelen, opiskelin, opiskellut *V3*
Stuhl tuoli, -n, -a, tuoleja
Stunde tunti, tunnin, -a, tunteja
stürmen myrskytä, myrskyää, myrskysi, myrskynnyt *V4 (nur 3. Pers.)*
suchen etsiä, etsin, etsin, etsinyt *V1*
Supermarkt super|marketti, -marketin, -markettia, -marketteja

T

Tabak tupakka, tupakan, -a, tupakoita
Tablette tabletti, tabletin, -a, tabletteja
Tag päivä, -n, -ä, päiviä
tagsüber päivällä
Tanne kuusi, kuusen, kuusta, kuusia
tanzen tanssia, tanssin, tanssin, tanssinut *V1*
Tasche laukku, laukun, -a, -ja
Tasse kuppi, kupin, -a, kuppeja
tauchen sukeltaa, sukellan, sukelsin, sukeltanut *V1*
tauschen vaihtaa, vaihdan, vaihdoin, vaihtanut *V1*
Technik tekniikka, tekniikan, -a, tekniikoita
Tee tee, -n, -tä
Teig taikina, -n, -a, taikinoita

Telefon puhelin, puhelimen, -ta, puhelimia
telefonieren soittaa, soitan, soitin, soittanut *V1*
Teller lauta|nen, -sen, -sta, -sia
Teppich matto, maton, -a, -ja
teuer kallis, kalliin, -ta, kalliita
Text teksti, -n, -ä, tekstejä
Theater teatteri, -n, -a, teattereita
Tier eläin, eläimen, -tä, eläimiä
Tisch pöytä, pöydän, -ä, pöytiä
Tochter tytär, tyttären, -tä, tyttäriä
Toilette vessa, -n, -a, vessoja
toll kiva, -n, -a, kivoja
töten tappaa, tapan, tapoin, tappanut *V1*
Tourist(in) turisti, -n, -a, turisteja
tragen kantaa, kannan, kannoin, kantanut *V1*
trainieren harjoitella, harjoittelen, harjoittelin, harjoitellut *V3*
trauen, sich uskaltaa, uskallan, uskalsin, uskaltanut *V1*
trauern surra, suren, surin, surrut *V3*
treffen, sich tavata, tapaan, tapasin, tavannut *V4*
trinken juoda, juon, join, juonut *V2*
tropfen tippua, tipun, tipuin, tippunut *V1*

Tunnel tunneli, -n, -a, tunneleita
Tür ovi, oven, ovea, -a

U

U-Bahn metro, -n, -a, -ja
üben harjoitella, harjoittelen, harjoittelin, harjoitellut *V3*
über yli
übermorgen ylihuomenna
überprüfen tarkistaa, tarkistan, tarkistin, tarkistanut *V1*
überqueren ylittää, ylitän, ylitin, ylittänyt *V1*
überraschen yllättää, yllätän, yllätin, yllättänyt *V1*
Überraschung yllätys, yllätyksen, -tä, yllätyksiä
übersetzen kääntää, käännän, käänsin, kääntänyt *V1*
ins Finnische übersetzen suomentaa, suomennan, suomensin, suomentanut *V1*
Übersetzer(in) kääntäjä, -n, -ä, kääntäjiä
Übung harjoitus, harjoituksen, -ta, harjoituksia
Ufer ranta, rannan, -a, rantoja
Uhr kello, -n, -a, -ja
um … herum ympäri
umziehen muuttaa, muutan, muutin, muuttanut *V1*
Unabhängigkeitstag itsenäisyyspäivä, -n, -ä
Universität yliopisto, -n, -a, -ja
unter alla
unterhalten, sich keskustella, keskustelen, keskustelin, keskustellut *V3*
untersuchen tutkia, tutkin, tutkin, tutkinut *V1*
unvorhergesehen yllättävä, -n, -ä, yllättäviä
Urkunde todistus, todistuksen, -ta, todistuksia
Urlaub loma, -n, -a, lomia

V

Vampir vampyyri, -n, -a, vampyyreita/vampyyreja
verbieten kieltää, kiellän, kielsin, kieltänyt *V1*
vereinbaren sopia, sovin, sovin, sopinut *V1*
vergleichen verrata, vertaan, vertasin, verrannut *V4*
verhindern estää, estän, estin, estänyt *V1*
verkaufen myydä, myyn, myin, myynyt *V2*
verlieren hävitä, häviän, hävisin, hävinnyt *V4*
vermischen sekoittaa, sekoitan, sekoitin, sekoittanut *V1*
verschwinden kadota, katoan, katosin, kadonnut *V4*
Verspätung haben olla myöhässä

verstehen ymmärtää, ymmärrän, ymmärsin, ymmärtänyt *V1*
verteidigen puolustaa, puolustan, puolustin, puolustanut *V1*
vertreten edustaa, edustan, edustin, edustanut *V1*
via kautta
viel paljon
viele monta
Vokabel sana, -n, -a, -ja
von welchem? minkä?
vor edessä
vor *(zeitl.)* ennen
vorankommen edetä, etenen, etenin, edennyt *V6*
vorgestern toissa päivänä
vorschlagen ehdottaa, ehdotan, ehdotin, ehdottanut *V1*
vorsichtig varovasti
Vorsitzende(r) puhe|mies, -miehen, -miestä, -miehiä
vorstellen esitellä, esittelen, esittelin, esitellyt *V3*

W

Waggon vaunu, -n, -a, -ja
wählen valita, valitsen, valitsin, valinnut *V5*
Wald metsä, -n, -ä, -jä
Wand seinä, -n, -ä, seiniä
wandern vaeltaa, vaellan, vaelsin, vaeltanut *V1*
wann? milloin?
Ware tavara, -n, -a, tavaroita
Wärme lämpö, lämmön, -ä
warnen varoittaa, varoitan, varoitin, varoittanut *V1*
warten odottaa, odotan, odotin, odottanut *V1*
warum? miksi?
was? mikä?
waschen pestä, pesen, pesin, pessyt *V3*
Waschmittel pesuaine, -en, -tta, -ita
Wasser vesi, veden, vettä, -ä
Wasserhahn vesihana, -n, -a, vesihanoja
wechseln vaihtaa, vaihdan, vaihdoin, vaihtanut *V1*
Wecken herätys, herätyksen, -tä, herätyksiä
Wecker herätykello, -n, -a, -ja
Weg tie, -n, -tä, teitä
wegbringen viedä, vien, vein, vienyt *V2*
wegen takia; vuoksi
weigern, sich kieltäytyä, kieltäydyn, kieltäydyin, kieltäytynyt *V1*
Weihnachten joulu, -n, -a, -ja
Weihnachtsmann joulu|pukki, -pukin, -pukkia, -pukkeja
Weihnachtsschinken joulukinkku, joulukinkun, -a, -ja
weil koska
Wein viini, -n, -ä, viinejä
weinen itkeä, itken, itkin, itkenyt *V1*
Welt maailma, -n, -a, maailmoja
wenig, ein wenig vähän
wer/was von beiden? kumpi?
wer? kuka?
wer? *(Pl)* haluta, haluan, halusin, halunnut *V4*
werden *(= Futur)* tulla, tulen, tulin, tullut *V3*
werfen heittää, heitän, heitin, heittänyt *V1*
wertvoll arvokas, arvokkaan, -ta, arvokkaita
wessen? kenen?
Wetter sää, -n, -tä, säitä
wichtig tärkeä, -n, -ä/-tä, tärkeitä
widersetzen vastustaa, vastustan, vastustin, vastustanut *V1*
wie viel? kuinka paljon?; paljonko?
wie, so wie kuten
wie? miten?
Wiedervereinigung jälleenyhdisty|minen, -misen, -mistä
Winter talvi, talven, talvea, -a
wirklich todella
wissen tietää, tiedän, tiesin, tietänyt/tiennyt *V1*
wo? missä?
Woche viikko, viikon, -a, -ja
Wochenende viikonloppu, viikonlopun, -a, -ja
woher? mistä?

wohin? mihin?; minne?
wohnen asua, asun, asuin, asunut *V1*
Wohnung asunto, asunnon, -a, -ja
Wohnzimmer olohuone, -en, -tta, -ita
wollen haluta, haluan, halusin, halunnut *V4*
Wort sana, -n, -a, -ja
Wörterbuch sanakirja, -n, -a, sanakirjoja
wundern, sich ihmetellä, ihmettelen, ihmettelin, ihmetellyt *V3*
wünschen toivottaa, toivotan, toivotin, toivottanut *V1*
Wurm mato, madon, -a, -ja

Z

Zahl luku, luvun, -a, -ja
zeitlich schaffen ehtiä, ehdin, ehdin, ehtinyt *V1*
Zeitschrift aikakaus|lehti, -lehden, -lehteä, -lehtiä
Zeitung lehti, lehden, lehteä, -ä
Zelt teltta, teltan, -a, telttoja
zelten telttailla, telttailen, telttailin, telttaillut *V3*
Zentrum keskusta, -n, -a, keskustoja
Zeugnis todistus, todistuksen, -ta, todistuksia
Zimmer huone, -en, -tta, -ita
Zollbeamte(r) tullivirkailija, -n, -a, tullivirkailijoita
zu liian
zubereiten laittaa, laitan, laitoin, laittanut *V1*
Zug juna, -n, -a, junia
zurück takaisin
zurückkommen palata, palaan, palasin, palannut *V4*
zusammenbauen koota, kokoan, kokosin, koonnut *V4*
Zuschauer katsoja, -n, -a, katsojia
zweite, -r, -s toinen, toisen, toista, toisia
zwitschern visertää, viserrän, visersin, viesertänyt *V1*

Stichwortregister

A

Abessiv 29, 84
Ablativ 25
Adessiv 25, 84, 90, 122
Adjektiv
  Komparativ 35
  Steigerung der Adjektive 35
  Superlativ 36–37
Adverb 37, 79
Akkusativ 14, 17–19, 31, 103
Allativ 25

B

Besitzverhältnis 13, 90

D

Demonstrativpronomen 111

E

Elativ 22, 83
Essiv 28, 122

F

Fragepartikel 6, 47

G

Gefühlsverben 18, 90
Genitiv 12–13, 32, 86, 89, 119
Grundzahl 14, 125

H

habeo-Konstruktion 90

I

Illativ 22, 33, 83
Imperativ 19, 70, 99
Imperfekt 54, 64
Impersonal 70, 78
  Impersonal Imperfekt 74, 75
  Impersonal Perfekt 74, 75
  Impersonal Plusquamperfekt 74, 75
  Impersonal Präsens 71
Indefinitpronomen 115
Inessiv 22, 83, 91
Infinitiv 40, 44, 45, 50, 51
  Infinitiv I 77
  Infinitiv II 78
  Infinitiv III (*ma*-Infinitiv) 82
Instruktiv 79
Interrogativpronomen 112

K

Kasus
  Abessiv 29, 84
  Ablativ 25
  Adessiv 25, 84, 90, 122
  Akkusativ 14, 17–19, 31, 103
  Allativ 25
  Elativ 22, 83
  Essiv 28, 122
  Genitiv 12–13, 32, 86, 89, 119
  Illativ 22, 33, 83
  Inessiv 22, 83, 91
  Instruktiv 79
  Nominativ 12, 31, 123
  Partitiv 14, 15, 17, 18, 32, 35, 75, 86, 90, 120, 126
  Translativ 28, 123
Komparativ 35
Konditional 67

L

Lokalkasus 21, 25, 82

M

Maßangaben 18

N

Negationsverb 42
Nominativ 12, 31, 123

O

Objekt 14, 17–19
  Teilobjekt 14, 17, 89, 100
  Vollobjekt 17, 70, 89, 100
Ordnungszahl 129

P

Partitiv 14, 15, 17, 18, 32, 35, 75, 86, 90, 120, 126
Partizip 93
  Partizip Perfekt Aktiv 58, 60, 68, 95
  Partizip Perfekt Passiv 74, 78, 96
  Partizip Präsens Aktiv 79, 93
  Partizip Präsens Passiv 94
Passiv 70
Perfekt 60, 61, 64
Personalendungen 40
Personalpronomen 47, 103
Plural 12, 17, 31–33, 127
Plusquamperfekt 61, 62, 65
Possessivpronomen 107
Possessivsuffixe 107, 119
Postposition 119
Präposition 120
Präsens 44–47, 50–52, 64
Pronomen
  Demonstrativpronomen 111
  Indefinitpronomen 115
  Interrogativpronomen 112
  Personalpronomen 47, 103
  Possessivpronomen 107
  Relativpronomen 116

R

Relativpronomen 116

S

Stufenwechsel 8–10, 41
substantivische Form der Zahlen 132
Superlativ 36–37

T

Tempora
  Imperfekt 54, 64
  Perfekt 60, 61, 64
  Präsens 44–47, 50–52, 64
  Plusquamperfekt 61, 62, 65
Translativ 28, 123

U

Umgangssprache 15, 42, 47, 70, 104, 109, 117, 127

V

Verben
  Gefühlsverben 18, 90
  unpersönliche Verben 89
  Verbalnomen 86
  Verben des Müssens 89
  Verbklassen 40, 44–47, 50–52
Verneinung 17, 42, 57, 58, 61, 62, 68, 71, 75, 89, 100
  Negationsverb 42
Vokalharmonie 6

Z

Zahlen
  Grundzahl 14, 125
  Maßangaben 18
  Ordnungszahl 129
  substantivische Form der Zahlen 132
Zeitangaben
  Jahreszeiten 122
  Monate 123, 130
  Wochentage 28, 122

Finnische Grammatik

Von Fred Karlsson.
Übertragung aus dem Finnischen von Karl-Heinz Rabe.
Bearbeitet von Cornelius Hasselblatt und Paula Jääsalmi-Krüger.
4., unveränderte Auflage 2000. 278 Seiten.
978-3-87548-381-9. Kartoniert

Konzipiert für Lernende, die bereits einfache finnische Texte lesen können, vermittelt diese Grammatik Grundkenntnisse über die Formen und Strukturen des Standardfinnischen. Die Regelmäßigkeit der finnischen Grammatik wird dabei durch zahlreiche Beispiele ersichtlich, womit allzu theoretische Darstellungen vermieden werden.

Der Band gliedert sich in 22 Kapitel:

1. Einführung – 2. Aussprache und Lautstruktur – 3. Überblick über die Wortstruktur – 4. Zwei wichtige Lautwechsel – 5. Flexionstypen der Nomen – 6. Flexionstypen der Verben – 7. Grundstruktur der Sätze – 8. Partitiv – 9. Genitiv, Possessivsuffixe und Akkusativ – 10. Die sechs Lokalkasus – 11. Sonstige Kasus – 12. Zahlwörter – 13. Pronomen – 14. Tempora der Verben – 15. Modi der Verben – 16. Passive der Verben – 17. Infinitive der Verben – 18. Partizipien der Verben – 19. Steigerung der Adjektive – 20. Kleine Wörter und Anhänge-partikeln – 21. Wortbildung – 22. Die tägliche Umgangssprache – Flexionsschemata, Literatur, Sachregister.

BUSKE

buske.de/finnisch